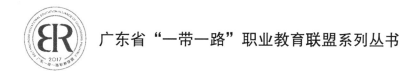

广东省"一带一路"职业教育联盟系列丛书

# 广东省"一带一路"职业教育联盟优秀案例集萃

## （2022）

卢坤建　赵鹏飞　主编

Outstanding International Cooperation Cases of
Guangdong "Belt and Road" Vocational Education Alliance (2022)

中山大學出版社
SUN YAT-SEN UNIVERSITY PRESS
·广州·

**图书在版编目（CIP）数据**

广东省"一带一路"职业教育联盟优秀案例集萃. 2022/卢坤建，赵鹏飞主编.—广州：中山大学出版社，2023.9
（广东省"一带一路"职业教育联盟系列丛书）
ISBN 978 - 7 - 306 - 07865 - 0

Ⅰ. ①广…　Ⅱ. ①卢…　②赵…　Ⅲ. ①职业教育—教案（教育）—汇编—广东—2022　Ⅳ. ①G71

中国国家版本馆 CIP 数据核字（2023）第 144059 号

出 版 人：王天琪
策划编辑：吕肖剑
责任编辑：吕肖剑
封面设计：曾　斌
责任校对：凌巧桢
责任技编：靳晓虹
出版发行：中山大学出版社
电　　话：编辑部 020 - 84110283，84113349，84111997，84110779，84110776
　　　　　发行部 020 - 84111998，84111981，84111160
地　　址：广州市新港西路 135 号
邮　　编：510275　传　　真：020 - 84036565
网　　址：http://www.zsup.com.cn　E-mail：zdcbs@ mail. sysu. edu. cn
印 刷 者：佛山市浩文彩色印刷有限公司
规　　格：787mm×1092mm　1/16　12.75 印张　218 千字
版次印次：2023 年 9 月第 1 版　2023 年 9 月第 1 次印刷
定　　价：48.00 元

# 编委会名单

**主任委员：**

李金俊　广东省教育厅交流合作处处长

卢坤建　广东轻工职业技术学院校长、教授

赵鹏飞　广东建设职业技术学院校长、教授

**副主任委员：**

周柳余　广东省教育厅交流合作处四级调研员

李　荣　广东轻工职业技术学院副校长、教授

马仁听　广州铁路职业技术学院校长、教授

李作为　广东农工商职业技术学院校长、教授

吴教育　广东职业技术学院校长、教授

曾用强　广东省外语艺术职业学院校长、教授

彭志平　江门职业技术学院校长、教授

李　丽　广东工程职业技术学院校长、教授

江　洧　广东水利电力职业技术学院校长、教授级高级工程师

解根怀　广州民航职业技术学院校长、研究员

李艳娥　广州城市职业学院校长、教授

匡增意　广州涉外经济职业技术学院常务副校长、研究员

刘　毓　顺德职业技术学院党委副书记、研究员

陈冬梅　广东机电职业技术学院副院长、教授

欧阳丽　广州番禺职业技术学院副校长、教授

许志良　深圳信息职业技术学院副校长、教授

刘贻新　广东工贸职业技术学院副校长、研究员

熊嘉逸　广东交通职业技术学院副院长、副教授

张少兰　广东食品药品职业学院副校长、教授

**编委会委员**（排名不分先后）：

周小平　广东轻工职业技术学院国际交流与合作中心主任、教授

陈光荣　广东建设职业技术学院国际学院院长、教授

刘殿兰　广州番禺职业技术学院国际学院（国际交流合作中心、港澳台事务中心）副院长、副教授

宋　欧　广东机电职业技术学院继续教育学院（国际交流与教育中心）直属党支部书记、讲师

向成军　广州铁路职业技术学院国际合作学院副院长、副教授

包映蕾　广东农工商职业技术学院国际交流学院院长、BTEC教育中心主任、外事办公室及港澳台事务办公室主任、副教授

张运生　深圳信息职业技术学院国际交流与合作学院（港澳台事务办公室）院长（主任）、副教授

王北一　广东职业技术学院创新创业学院院长、副教授

王　晓　顺德职业技术学院办公室主任、副教授

李楠楠　广东省外语艺术职业学院国际教育学院院长、副教授

黎明虹　广东工贸职业技术学院对外交流合作处处长、副教授

李辉强　江门职业技术学院党政办公室负责人、讲师

陈少烽　广东交通职业技术学院继续教育学院院长、讲师、经济师

邱志远　广东工程职业技术学院国际教育学院副院长、助理研究员

侯　松　广东食品药品职业学院国际交流中心副主任、副教授

卢丽虹　广东水利电力职业技术学院国际教育学院院长、教授

李绍琳　广州民航职业技术学院外事办主任、高级经济师

李　坪　广州城市职业学院国际合作交流中心（港澳台事务中心）主任、教授

武　军　中国涉外教育集团国际教育中心主任及广州涉外经济职业技术学院国际教育学院院长、全球职业会计师

唐小鹏　广东轻工职业技术学院国际交流与合作中心副主任、副教授

# 总　　序

党的二十大报告指出，要推进高水平对外开放，推动共建"一带一路"高质量发展。2023 年是全面贯彻党的二十大精神的开局之年，开放合作乃推动新时代教育变革创新的关键要素。

推动高质量共建"一带一路"，中国与沿线国家在职业教育领域的交流与合作是不可或缺的一环。"一带一路"建设的推进，一批重大工程和国际产能合作项目相继在沿线国家落地和发展，对技术技能人才提出了更为明确、迫切的需求。而职业教育"走出去"，正好为相关国家与地区提供了解决思路、弥补了人才缺口。

广东省"一带一路"职业教育联盟自成立以来，在推进广东省高职院校与沿线国家开展多层次交流合作方面，进行了探索，取得了成效。有关院校主动服务企业"走出去"，积极参加"鲁班工坊"建设联盟，实施"中文＋职业技能"项目，建设国际合作科研平台，推动职教广东标准、广东模式在"一带一路"沿线国家的落地。广东轻工职业技术学院、广东建设职业技术学院、广东工贸职业技术学院、广东农工商职业技术学院等一批院校开设了海外分院，与"一带一路"沿线国家互鉴先进教育经验，共享优质教育资源，共同培养具有国际视野的高素质、复合型技术技能人才，服务了"一带一路"沿线国家和地区的建设发展。

本案例集萃，作为"一带一路"倡议提出 10 周年的献礼之作，汇聚了 19 家联盟成员院校的优秀案例，充分展示了各成员院校国际化办学及参与"一带一路"教育行动的成效，聚集智慧、凝心聚力，为联盟成员及省内外其他职业院校深入了解案例并吸取其宝贵经验提供了机会，也为各兄弟院校间互学互鉴、共同提升提供了良好的契机。

我们将一如既往地鼓励、支持广东省"一带一路"职业教育联盟成员单位更好地"走出去"，学习借鉴国内外兄弟院校的先进经验，推进职业教育对外开放、高质量发展，持续提升自身办学水平，更好地服务国家"一带一路"倡议，为打造"一带一路"沿线国家和地区职业教育共同体、推动现代职业教育体系建设改革，做出更大贡献！

2023 年 4 月 30 日

# 关于广东省"一带一路"职业教育联盟

广东省"一带一路"职业教育联盟（Guangdong "Belt and Road" Vocational Education Alliance，GDBRVEA）（以下简称"联盟"）是根据国家"一带一路"共建教育行动的要求，在广东省教育厅的指导下，由广东轻工职业技术学院牵头，各职业院校、行业协会、企事业单位共同搭建的非政府、非营利性、开放性、国际化的职业教育合作平台。

联盟常务理事会由广东轻工职业技术学院、深圳信息职业技术学院、广州民航职业技术学院、广州番禺职业技术学院、顺德职业技术学院、广东食品药品职业学院、广州铁路职业技术学院、广东建设职业技术学院、广州涉外经济职业技术学院、广州工程技术职业学院等29所院校组成。

联盟每年吸引有志于推动广东省职业教育服务国家"一带一路"倡议的各方面力量加入。截至2023年3月，联盟成员单位数量达101家，其中包括72家职业院校、12家企业、7家行业单位及10家境外单位。

联盟在人才培养、教学改革、师资建设、科学研究、资源共享、创新创业、合作办学、学术交流等领域展开合作。本着"和平合作、开放包容、互学互鉴、互利共赢"的发展原则，联盟着力于对接"一带一路"沿线各国意愿，使各国之间互鉴先进教育经验，共享优质教育资源，为实现培养具有国际视野的高素质、复合型人才，促进现代职业教育制度的完善，引领职业院校与企业走出国门的目标而努力，进一步为国家的"一带一路"沿线地区发展建设提供人才、制度支撑。

# 目　　录

**十大优秀案例** ……………………………………………………… 1

1. 打造"四洲八国"国际合作新格局，推进对外开放办学
   高质量发展
   ………………… 卢坤建　李　荣　周小平　唐小鹏　傅　蓉 3

2. "头部企业＋产业生态"国际数字技能与人才发展模式实践
   ……… 梅　盼　江　离　王　超　余　媛　李雪原　李春柯 9

3. "三走一引"建筑类国际化技术技能人才培养研究与实践
   ………………… 陈光荣　李世业　钟佼霖　曾仙乐　赵鹏飞 26

4. 多措并举，开拓"中文＋农业职业技能"新路径
   …………………………………………… 包映蕾　刘朝阳 31

5. 创新海外研习模式　开拓学生国际视野
   …………………………………………… 刘殿兰　黎姚涛 44

6. 中餐繁荣基地，助推粤菜文化走出国门
   ……… 冯才敏　陈　健　傅银燕　郭永生　苏适仪　老咏仪 53

7. 续写中马汽车合作新篇章，探索国际职教合作"云"模式
   ……… 黄景鹏　郭海龙　郑少鹏　陈　翔　王庆坚　蒋翠翠 58

8. 以传统中医药文化传播项目打造广东特色人文交流品牌
   ……………………………………………………… 侯　松 71

9. "技能＋文化"，合作培养知华友华民航专业技术技能人才
   …………………………………………… 李绍琳　戈　玲 80

10. 校企合作　打造东盟纺织服装人才摇篮
    ………………………………………………… 朱巧儿　唐雁芝 86

**其他优秀案例** ……………………………………………………… 91

1. 立足品牌专业　创新高职教育境外办学模式
   …………………………………………… 刘殿兰　尹治敏 93

2. 五融一体，赋能"一带一路"水利电力职教发展

……………………… 卢丽虹　李品丁　赖泽帆　黄敏楠 104

3. 打造"走出去"平台　服务企业海外发展

……………………………………… 刘　聪　黎明虹 111

4. 共建"鲁班工坊"，中马联合培养华侨技术工匠

………………………………………… 李　姿　宋　欧 118

5. "墨子学苑"，海外开花

……………………… 肖文平　余华明　傅银燕　何钦波

郭永生　苏适仪　老咏仪 129

6. 以舞为媒，用心讲好中国故事

………………… 朴红梅　马永建　高　燕　李楠楠　余丹凤 133

7. 绘就交通强国底色　加快推进国际交流合作

……………………………………………… 熊嘉逸 139

8. 研制导游专业国际标准　提升中国职教国际影响力

………………………………… 刘　聪　禹　琴　罗春科 150

9. 引进来，打造本土标杆　走出去，彰显中国特色

…………………………………………… 包映蕾 157

10. 助力粤港澳大湾区建设，共育区域旅游专业人才

………………………… 李辉强　周　昊　王　菁 171

11. 着眼"一带一路"建设需求，争做"一带一路"建设者

……………………………… 邱志远　华　昕 176

12. 湾区合作、协同育人，探索民办高职中外合作办学模式

…………………… 梁　可　匡增意　武　军　李咏珊 182

13. 开发高铁国际汉语优质资源，助推"中文＋职业技能"教育发展

………………… 向成军　刘兴凤　骆秀红　张倩菡 187

14. 引进优质职业教育资源，提升教师职教能力

…………………… 李　坪　乔时玲　高传龙 190

十大优秀案例

# 1. 打造"四洲八国"国际合作新格局，推进对外开放办学高质量发展

广东轻工职业技术学院

卢坤建 李 荣 周小平 唐小鹏 傅 蓉

**摘要：** 依托广东省"一带一路"职业教育联盟等平台，广东轻工职业技术学院（简称"广轻工"）积极开展国际交流与合作。一是提升对外开放办学质量，开发推广轻工特色国际标准，夯实"中文＋技能"职业培训，服务中国企业出海，加强粤港澳大湾区职教合作。二是引入国外优质资源，办好中外合作办学专业，提升留学生教育质量。广轻工服务"一带一路"和粤港澳大湾区的能力进一步提升，初步形成引领职业教育对外开放办学的实践范例。

**关键词：** 职业教育 "一带一路" 粤港澳大湾区

广东轻工职业技术学院积极发挥广东省"一带一路"职业教育联盟理事长单位的作用，携手70余所省内外兄弟院校与"一带一路"沿线国家开展多边人才交流，合作建设海外分校、海外教学点、海外职业技能培训中心、海外实习基地，服务30多个"一带一路"沿线国家。学院坚持既"引进来"又"走出去"的国际化合作办学战略，已建成12个境外培训培养基地，包括马来西亚海外分校1个，巴基斯坦海外教学点1个，新加坡、马来西亚、澳大利亚和新西兰技能培训中心4个，新西兰和泰国中外文化交流中心2个，卡塔尔、澳大利亚和马来西亚（2个）海外实习基地4个，形成国际合作新格局。

## 一、开发推广国际标准，打造中国职教品牌

广轻工积极向世界提供中国方案、贡献中国智慧，依托中国特色高水平专业群——精细化工技术专业群的专业优势，率先在轻工领域制定国际行业标准2项、国际教学标准2项、国际课程标准14项。其中，

"磨砂油（膏、乳、霜、啫喱）"和"化妆品原料对酪氨酸酶活性抑制试验方法（体外法）"行业标准被日本、瑞典等海外协会、企业采用；分析与检测技术专业和精细化工技术专业教学标准被认定为国际教学标准，"微生物检测技术"和"应用材料"等14个国际课程标准被马来西亚和乌干达等海外同行采用。

## 二、夯实"中文＋"职业培训，培养海外技能人才

广轻工积极推动中文教育和职业教育融合发展，培养海外高水平技术技能人才，助力当地行业产业发展。

广轻工在马来西亚吉隆坡建设大学设立海外分校，发挥全国首批"全国跨境电商专业人才培养示范校"、国家级职业教育教学创新团队和全国首批跨境电子商务教学资源库的优势，建设马来西亚首屈一指的跨境电子商务专业，为马来西亚商贸行业培养一流的跨境电子商务人才。

图1　广轻工与马来西亚吉隆坡建设大学合作签约

根据"中巴经济走廊"的产业需求，广轻工与巴基斯坦无限工程学院共建巴基斯坦教学点，实施"中文＋技能"培训，以中文对巴基斯坦学生进行职业技能培训，同时提高当地学生中文及职业技能水平，弥补巴基斯坦技术劳动力缺口。

图2　广轻工与巴基斯坦无限工程学院合作签约

### 三、加强中外合作办学管理，人才培养水平突出

广轻工加强中外合作办学管理，中外合作办学专业教育教学质量水平进一步提升。

广轻工与美国蒙特塞拉特艺术学院合作开办广告艺术设计专业高等专科教育项目。美国蒙特塞拉特艺术学院多次被 U. S. News 评为"最佳艺术设计学院"。两校合作将引进美国高校的优质教育资源和管理经验，双方选派授课经验丰富、科研实力突出的教师承担教学任务，以适应传统产业转型升级和战略性新兴产业发展对数字创意产业人才的需要，为粤港澳大湾区实施创新驱动发展战略、集聚国际创新资源、建设具有国际竞争力的创新发展区域，培养具有国际视野、精设计、懂科技、通商道、厚人文的复合型、创新型技术技能人才。

国际商务（全球化管理）专业引入澳大利亚新南威尔士州职业教育课程包，包含职业资格证书考评 3 个，国际课程 29 门，占总课程的63%。与澳大利亚阳光海岸大学合作开办的大数据与财务管理专业和食品检验检测技术专业，分别引进国外课程标准 14 项和 8 项，专业课程英语授课达 60% 以上。

中外合作办学专业人才培养成效显著，学生专业基础扎实、专业技能突出，2021—2022 年度获国际奖项 5 项、国家级奖项 46 项。

## 四、服务"走出去"企业，校企国际合作不断深化

广轻工不断创新产教融合、校企合作模式，为"走出去"中资企业培养、培训本土化基层管理和技术技能人才。2021—2022 年度广轻工教师为境外企业培训高达 840 人次，在校生服务"走出去"企业创历史新高，达到 10818 人次。

## 五、深化湾区职教合作，服务湾区建设发展

### （一）与香港企业建立校企合作，培养高素质技能型人才

广轻工管理学院与香港唐宫饮食集团共建香港唐宫酒店管理学院，共同培养粤港澳大湾区酒店行业高素质技能型服务与管理人才。广轻工自 2006 年开始与香港唐宫饮食集团建立校企合作关系，16 年来双方一直积极探索深度产教融合模式，每年招收旅游酒店管理专业（唐宫人才培养特色班）学生，目前在校生 88 人。2022 年，双方在现代学徒制等方面合作办学、共建校企混编社会培训师资团队和联合开展社会服务培训等领域展开深度合作；与香港企业建立校企合作，培养高素质技能型服务与管理人才。

2023 年 4 月，广轻工与香港高等教育科技学院签署合作备忘录。香港高等教育科技学院是香港职业训练局机构成员，于 2012 年成立，所有学士课程均获香港学术及职业资历评审局认可，部分课程更得到相关专业团体及组织认证。广轻工将与其在学分互认、联合培养项目、学术人员交流、师生交流项目、专业国际认证等方面进一步深化合作。

### （二）粤港澳标准深度合作建设：与澳门旅游学院联合制定职业技能标准，服务粤港澳大湾区城市建设

广轻工积极参与粤澳职业技能人才评价合作之"澳门职业技能认可基准（MORS）"一试多证专项合作项目，为制定前厅服务员职业技能评价规范做出贡献，相关人员被聘为粤澳"一试多证"职业技能评价专家。该标准拟于 2023 年正式上线，作为标准制定专家之一，广轻工联同澳门行业专家共同制定酒店行业前厅岗位从业标准，并负责"一试

多证"项目的理论、实践的考核,助力职业技能评价规范标准开发进程精准、高效推进,实现粤港澳三地人才跨区域高质量流动的目标。

**(三)依托产教联盟和产业发展研究中心,深化产教融合**

(1)广轻工粤港澳大湾区产业发展研究中心(广东省普通高校人文社科重点研究基地)举办"粤港澳大湾区数字经济暨高层次人才发展——创新驱动发展,数字湾区在行动"的学术论坛。2020年出版《高等职业教育蓝皮书2020:对接产业发展的广东省高等职业教育人才需求与专业(群)建设研究报告》,开拓学校高层次人才和教师的学术视野,汲取众多专家学者的智慧,汇集湾区各界人士的创新思想与实践经验,以创新驱动数字经济发展,引导大湾区规模庞大的传统制造业全面数字化和转型升级,为打造世界数字大湾区提供智力支持、人才支持。

(2)2020年,广轻工和广东省品牌研究会联合共同研究的《粤港澳大湾区会展、旅游、酒店发展报告2020》成果召开新闻发布会,在广东社会科学中心成功举办了"粤港澳大湾区会展、旅游、酒店发展报告2020高峰论坛",论坛成果在社会科学文献出版社出版发行,得到了业界好评。《人民日报》《光明日报》对此事进行了报道。南方+、广西日报、上海浦东陆家嘴金融网、社会科学文献出版社皮书网、凤凰网、今日头条、网易网、新浪网等上百个融媒体进行转载,在全国和国际上产生了显著影响力,提高了广轻工在社会和业界的学术影响力,同时也培养锻炼了教师科研队伍,将科研水平推上一个新的台阶。

(3)广轻工联合大湾区职业院校,以及工业设计、广告设计、服装服饰与环境艺术等行业协会和品牌企业,建立了粤港澳数字创意职业教育产教联盟,结成一个面向数字创意产业的政校行企协同育人综合体,共包括107家成员单位。广轻工连续两年承办"国际数字创意设计论坛",海内外众多数字创意设计产业领域有影响力的专家学者围绕数字创意产业发展、产教融合模式、科技与设计创新等议题同台研讨,推动中国职业教育与国际接轨,扩大中国职业教育的国际影响力。2021年末,联盟发布了《广东省数字创意产业发展调研报告》和《中国厨卫电器现状及用研分析报告》蓝皮书。这代表着联盟积极探索培育产教深度融合育人的生态环境、数字创意设计人才培养新范式，建立数字创意创新资源的共享机制，打造面向产业需求的设计创新模式，切实服务于粤港澳大湾区产业建设。

图3　发布《广东省数字创意产业发展调研报告》蓝皮书

（四）组织教师学生参加港澳交流培训，开拓新视野启发新思维

广轻工积极开展港澳交流培训活动，从2014年开始，每年都组织骨干教师和管理人员赴香港职业训练局进行培训，累计培训达200人。

广轻工与香港印刷研究中心共建实习基地，提升学生的技术应用和实践能力，通过参加考证课程考取"色彩标准技师"初、中、高级资格，提升学生对国际印刷色彩标准化及发展的认知，提升学生专业技术技能。

进入新时代，广轻工迎接新挑战，应对新形势，将持续扎实推进职业教育国际交流合作的力度、深度和广度，探索、创新国际合作模式，不断增强服务"一带一路"倡议和粤港澳大湾区建设的能力，提升学校在世界职业教育领域的影响力，形成良好的国际影响和示范效应。

# 2．"头部企业＋产业生态"国际数字技能 与人才发展模式实践

深圳信息职业技术学院

梅 盼 江 离 王 超 余 媛 李雪原 李春柯

**摘要：** 深圳信息职业技术学院积极探索"头部企业＋产业生态"国际数字技能与人才发展模式，依托与华为共建的华为ICT学院国际人才交流中心，与世界技能组织共建的国际培训中心光电技术分中心，与教育部中外语言交流合作中心共建的国际"中文＋ICT"教育实践与研究基地，与创维集团共建的海内外平板显示国际人才教育示范基地、海外数字孪生实验室、国际课程中心等平台，积极发掘与包括"一带一路"沿线国家在内的国外院校的合作潜力，积极拓展更多国家来华生源。推进"中老2＋1""中巴2＋1"等中外逆向联合办学项目和ICT技能中文教育，服务国家"一带一路""南南合作""金砖国家职业教育联盟""中巴经济走廊"等建设，结合信息与通信行业的国际产业合作重点方向开展人才培养，构建国际数字技能与人才发展持久教育合作机制，打造留学深圳精品工程，分享优质育人资源，树立中国职教自信。

**关键词：** 职业教育 "中文＋技能" 数字技能 产业发展

## 一、案例背景

立足本土区域特色，面向世界发展特色化办学是世界一流大学在激烈的竞争中扩展生存与发展空间的必然选择，也是持续深入推进国际化战略的不竭动力。深圳信息职业技术学院（简称"深信职院"）充分依托其特定的地理位置、产业优势、技术优势、人才优势、市场经济等区位优势，较早确立了"植根深圳，面向全球"的国际化办学定位，使得学院在众多职业教育院校中脱颖而出。

深信职院立足本土区域特色及产业优势，探索与深圳 ICT 领域高科技企业和在华著名跨国公司合作，建立高层次留学生联合培养基地——国际 ICT 学院。围绕建设国际数字人才培养和国际数字人才创新两大核心目标，打造（短期）来华留学重点项目和精品工程。以深化产教融合、校企合作为突破口；以制度创新、高水平结构化教师队伍建设为保障，引进、培育一批双语卓越工程师团队；汇聚和建设一批国际课程资源、项目资源、企业资源，推进实施"中文 + 职业技能"培训项目，集多方力量全力培养高素质复合型新一代信息技术技能国际人才。

2013 年起，为响应"澜湄合作"计划和"一带一路"倡议，依托本校资源优势和深圳产业技术优势，面向"一带一路"沿线国家及国际组织开展跨境教育合作与交流项目，扩大面向东南亚、南亚人文交流，积极探索与包括"一带一路"沿线国家在内的国际职业教育协同发展创新体系实践之路。以"中文 + 技能"模式开展双学历职业技术技能人才联合培养；以云南国际留学生培训交流基地和海外深圳产业技术学院为主要依托，发展来深实习实践、证书培训、高端培训，构建短期留学生培训模式；与印度尼西亚院校联合培养印度尼西亚学生，远程直播授课模式被纳入合作院校的学分体系；承办中国—东盟职业教育能力建设培训，为东盟国家提供中国优势产业领域的成功经验；依托与世界技能组织竞赛委员会合作共建的"国际培训中心光电技术分中心"，面向包括"一带一路"沿线国家在内的全球院校和政府机构输出光电技术领域技术标准和资源，培养人才并带动当地产业发展。

## 二、做法与特色

### （一）搭建"头部企业 + 产业生态"国际数字技能与人才发展平台

#### 1. 与华为技术有限公司共建华为 ICT 学院国际人才交流中心

重点围绕新一代信息通信技术千亿级产业集群，对接人工智能、5G、物联网、大数据等战略性新兴产业布局的专业，为华为全球生态链上下游企业提供人才，服务全球数字经济的高速发展。此外，通过华为技术有限公司及华为海外代表处在海外捐助建设孪生实验室。所建的海外实验室与本土校区的实验室配置和功能相同,即孪生配置,保障了远程教学和海外学生在相同的条件下进行实训,使海外学生可以在真实的或仿真的职业环境中同步进行职业能力训练。

图 1　与华为签署战略合作协议

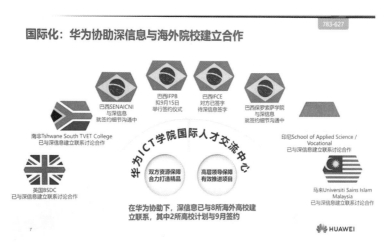

图 2　与华为共建 ICT 学院国际人才交流中心

**2. 成立国际培训中心光电技术分中心并作为光电技术国家集训基地**

与世界技能组织合作共建"国际培训中心光电技术分中心",打造面向全球职业技能教育机构和院校以及技能青年开放的国际技能教育平台；深信职院牵头首次面向全球发布光电技术国际人才培养标准，依托该平台向世界各国分享对接产业的一流专业标准，助力打造光电技术领域高技能人才高地，为全球光电产业贡献中国力量；推动光电技术赛项成为我国发起的首批正式赛项之一，面向全球免费开放专业技能培训系列网络课程，在光电技术等领域共建共享专业标准、课程标准与资源，促进在行业发展密切相关领域开展教师间科研合作与国际培训。

图3　国际培训中心光电技术分中心签约授牌仪式

图4　光电技术国际人才培养标准研讨会

### 3. 建立深信职院—创维集团平板显示技术国际人才培养基地

围绕"一带一路",探索在深圳和创维海外工厂挂牌建设平板显示技术国际人才培养基地;开展通识技术、安全技术、专业技术、拓展训练等技能提升培训,以及"1 + X"平板显示技能证书等资格类证书培训,校企共同组建团队,共同开发教学资源和标准;培养企业海外用工和业务落地国平板显示技术人才,加深人才属地化、国际化建设的执行落实和制度化,为属地人才搭建发展平台,解决企业高质量发展的人力资源瓶颈。帮助企业建立企业内训体系,共建技术职业资格证书,形成技术产品领域标准;随着教学培训在海外辐射,逐步形成引领型技术优势;促进当地经济和产业发展,分享技术和教育标准,推进教育、技术和标准"走出去",发展来华留学教育。

图5　参观调研创维集团

图6 参观创维集团工厂流水线

### （二）面向境外学生开展联合教育项目和国际培训

1. "中老2＋1"学历教育暨深圳产业技术学院海外模式入选由教育部、外交部亚洲区域合作专项支持的第三批"双百计划"全国20强

面向老挝开展"2＋1"国际学生联合培养项目，与巴巴萨技术学院共建深圳产业技术学院（万象），开设4个专业的国际学生班，首届招生250人，120名国际学生在中国注册学历；协同深圳华为等高科技企业以"走出去"的方式开展海外教育培训，创新"鲁班工坊"海外新模式；与巴巴萨技术学院国际教育老挝语—汉语交流与培训中心（老挝）共建的"国际外交语言研究中心（万象）"成为为世界各地的语言学者提供服务的专业平台。

图7　老挝教育部技术和职业教育司与巴巴萨技术学院领导一行访问深信职院
并签署合作协议

图8　2020 年 1 月，深信职院教师团队赴老挝开展教学设计和对接协商交流

**2. 以云南国际留学生培训交流基地和海外深圳产业技术学院为主要依托，发展来深实习实践、证书培训、高端培训，构建短期留学生培训模式**

在云南边境联合设立留学生源基地，挂牌成立"国际留学生培训交流基地"，创新短期留学生培养体系。自 2013 年建立留学生基地后，截至 2019 年，深信职院连续 8 年派出教师赴西双版纳开展新技术培训和"中文＋技术"培训，为东南亚学生打开一扇了解中国、了解深圳的技术之窗。在与西双版纳合作过程中，深信职院将合作延伸至靠近中老边境的勐腊地区，进而拓展至老挝万象市。2019 年与老挝教育局和巴巴萨技术学院签署协议，开展"2＋1"学历教育和海外产业技术学院办学模式。

潘颂亦，深信职院 2019 级移动互联 3－2 班的学生，来自老挝。2018 年，深信职院留学招生团队前往西双版纳职业技术学院宣讲时，潘颂亦对深圳产生了巨大的兴趣，而当时的他是该学院汉语言专业留学生。一年后，潘颂亦成为该学院移动互联专业的一名留学生。他在校认真学习专业知识，课余积极参加学院社团活动，还自发配合老师管理国际学生。新冠疫情暴发后，虽然他滞留在老挝进行线上学习，但他仍旧积极关注学院动态，主动通过线上参加了 2021 年"我与中国的美丽邂逅"来华留学生征文暨短视频大赛，偶尔会向老挝的亲朋好友讲述他在深圳的学习和生活，他还兼职教学汉语的老挝中学生唱中文流行歌曲。他说，争取掌握好专业技能，未来应用到在老挝的工作中去。

图9　深信职院与西双版纳职业技术学院共建
"国际留学生培训交流基地"揭牌仪式

图10 2019年，深信职院与中国（勐腊）东盟教育培训中心
共建勐腊国际留学生基地

图11 骨干教师团赴云南留学生基地开展培训

**3. 建设巴基斯坦分校中巴国际学院，推动建立巴方认可的相关专业的课程标准**

深信职院同巴基斯坦旁遮普省技术教育和职业培训局、拉合尔阿拉玛·伊克巴尔省立技术学院、塔克西拉省立技术学院、费萨拉巴德农业大学等院校联合启动中巴现代双学历技术教育联合示范项目。学院将建设巴基斯坦分校——中巴国际学院，以 CCTE（"汉语＋商务文化＋技能＋就业"）模式开展中巴双学历职业技术技能人才联合培养；推动建立巴方认可的相关专业的课程标准，在巴方主要地区公立、私立职业技术院校推广应用；建设深信职院国际课程中心，促进当地就业和产业发

展；建设面向全球的高标准对外技能培训体系，积极参与国际技术标准制定，做标准的参与者和引领者，在国际技术标准制定中发出更多中国声音、注入更多中国元素。

**图 12　推进中巴职业教育合作对话仪式**

### 4. 依托国际培训中心光电技术分中心，开展光电技术国际培训

作为光电技术国家集训基地，国际培训中心光电技术分中心以世界技能大赛为抓手，以培训带动交流，以交流促进合作，以合作带动发展，系统、全面地推广光电技术，助力培养更多光电技术领域的尖端人才。同时，与世界各国在光电技术和电子通信领域开展专业合作，进行课程资源共建，合作制定专业标准和课程标准，为师生提供交流沟通的机会，为合作院校提供光电技术培训和指导。

2021 年 5 月 20—21 日，世界技能大赛光电技术培训在深信职院进行。此次培训是国际培训中心光电技术分中心举办的第一次国际培训，来自 14 个国家光电技术专业的专家、教练、选手和学生共计 278 人参加了线上直播培训。同年 12 月 13 日，国际培训中心光电技术分中心开展了第二次国际培训，此次培训共有来自奥地利、日本、韩国、俄罗斯、牙买加等 17 个国家的 300 余人参加。该中心培训活动多次受到《深圳商报》、《南方教育时报》、《深圳特区报》、《南方日报》、《羊城晚报》、深圳新闻网、《晶报》、《深圳晚报》等多家媒体报道，受到社会广泛关注。

图13　马艳红博士分享微电子学院技能型人才培养新模式

### 6. 承办2021年中国—东盟职业教育能力建设培训班

培训班由中国教育国际交流协会、中国—东盟中心主办，深信职院承办，主题为"中国电子商务的发展经验"，主要围绕电商产教融合、跨境电商合作、后疫情时代电商模式业态等内容展开，活动邀请了入选2019—2021年"中国—东盟高职院校特色合作项目"的68所外方职业院校和来自东盟国家驻华使馆推荐的职业院校180余位中外嘉宾参训。该交流会加深了东盟电子商务相关专业教师、管理人员、官员等对中国电子商务的了解，并向他们提供了中国的成功经验。

图14　180余位中外嘉宾"线上＋线下"同步参加培训班开班仪式

图15　培训班开班仪式深信职院线下会场

图16　培训班讲师开展线上授课

（三）申报建设教育部"国际中文＋新一代信息技术"教育实践与研究基地

1. "中文＋ICT"技能教育，切实解决"一带一路"沿线国家缺少支撑信息通信产业一线人才问题，助力教育部"加强'中文＋职业技能'融合　开创国际中文教育新格局"

联合深圳大学共同申报建设教育部"国际中文＋新一代信息技术"教育实践与研究基地项目，构建"通识中文＋技能中文＋中文'1＋X'微技术技能证书"培养新体系，打造技能汉语融合师资团队，实现国际中文与职业教育的深度融合；开发"国际中文＋ICT技术"技能汉语通识教材。联合汉考国际教育科技有限公司，牵头国际中文信息与通信技术技能汉语考试研究，形成国际中文信息与通信技术技能汉语团体标准发布，申报中外语言交流合作中心国际中文信息与通信技术技能等级教学资源项目，填补新一代信息技术专业领域汉语水平教材及其研究的空白；通过中国最新技术提升中文及中国的影响力，提高中国企业全球扩展与工商业运营能力，带动中国先进的文化、理念和价值观向外传播。

**2. 服务华为公司海外战略，打造深信职院华为ICT学院国际人才交流中心，探索服务中资企业海外人才培养，分享培养模式、标准、课程资源等**

建立全球公共实训基地、全球数字研究所和孪生实验室，共同打造5G教学支撑平台。作为"金砖国家职业教育联盟"中方共同发起单位，积极开展金砖国家职业教育合作，并联合华为与巴西国家工业学徒服务中心合作，在当地设立"华为ICT学院"和"深圳信息国际ICT技术教育中心"，推动中国职业教育"走出去"，带动中国技术和中国标准"走出去"。打造校企合作标杆，学院联合华为公司主动参与世界职教分工，强化中国职业教育在世界的话语权，快速推进中国职业教育海外布局，推动合作项目逐项落地实施。

**3. 与印度尼西亚坤甸共同希望语言学院联合培养印度尼西亚学生，全中文讲授ICT相关课程，所讲课程被纳入印度尼西亚院校课程教学体系**

2021年9月，学院教师为坤甸共同希望语言学院大三和大四中文专业40名本科生在线讲授Photoshop课程，授课时长为一学期，该课程属于该校必修课程并计算学分。

课程教学特色鲜明：一是"兴趣引导＋技术赋能"。通过指派学生进行课前实操，回顾上节课的学习要点，同时提高学生的中文表达能力，树立学习典型、激发学习兴趣。二是"直播实操＋系统评价"。首次面向海外生源实施跨文化、跨领域教学和交流，为"中文＋职业技能"教育提供实践案例。在教学成效的追踪、教学资源的使用、教学出勤率、作业提交率等方面建立数据样本，让教师在进行课程建设活动时有据可依、有章可循，为实操类跨境在线直播课程建设提供具体的指导方案。

黄慧怡，国际ICT班学生，也是印度尼西亚坤甸共同希望语言学院汉语言专业学生。在学校开设首门实操类跨境在线直播课程"图像处理Photoshop"时，黄慧怡第一个报名了该课程。在接触这门课程之前，黄慧怡就对海报设计抱有浓厚的兴趣，经常为学校的活动设计宣传海报，由于对图像处理软件不熟悉，她对自己的作品一直不满意。也是这样的一次契机，彻底激发了黄慧怡同学对"图像处理Photoshop"课程学习的兴趣。在一个学期的学习交流中，黄慧怡同学不仅超额完成学习任务，每堂课的课程汇报都主动示范，还指导和帮助同学完成实操练习，并在课程汇报中用精简流畅的语言和熟练的操作赢得了老师和同学的一致好评，最终以班级第一的成绩通过该课程。为了方便后续的学习，黄慧怡同学还添加了老师的微信，在与老师的沟通中表示，学习了这门课程后，又掌握了一门新的技能。这不仅使她获得学校师生的认可，更成为她找工作的敲门砖。

图17　学校李晓老师为印度尼西亚坤甸共同希望语言学院大三、大四40名中文专业本科生上课

### 三、成果与创新

（一）构建"头部企业＋产业生态"国际数字技能与人才发展模式，推进形成持久的教育合作机制

依托与华为共建的华为ICT学院国际人才交流中心，与世界技能组

织共建的国际培训中心光电技术分中心,与教育部中外语言合作交流中心共建的国际中文＋ICT教育实践与研究基地,与创维集团共建的海内外平板显示国际人才教育示范基地、海外数字孪生实验室、国际课程中心等平台,积极发掘与包括"一带一路"沿线国家在内国外院校的合作潜力,积极拓展更多国家来华生源。

推进"中老2＋1""中巴2＋1"等中外逆向联合办学项目和ICT技能中文教育,服务国家"一带一路""南南合作""金砖国家职业教育联盟""中巴经济走廊"等建设,结合信息与通信行业的国际产业合作重点方向开展人才培养,构建国际数字技能与人才发展持久教育合作与援助体制,打造留学深圳精品工程,分享优质育人资源,树立中国职教自信。

## (二)构建"通识中文＋技能中文＋微技术技能证书"新体系,助力教育部"加强'中文＋职业技能'融合 开创国际中文教育新格局"

联合深圳大学共同申报建设教育部"国际中文＋新一代信息技术"教育实践与研究基地项目,构建"通识中文＋技能中文＋中文'1＋X'微技术技能证书"培养新体系,打造技能汉语融合师资团队,实现国际中文与职业教育的深度融合;开发"国际中文＋ICT技术"技能汉语通识教材;联合汉考国际教育科技有限公司,牵头国际中文信息与通信技术技能汉语考试研究,发布国际中文信息与通信技术技能汉语团体标准,填补新一代信息技术专业领域汉语水平教材及其研究的空白,为更多领域的教材提供借鉴,丰富"中文＋"的理论内涵与实践经验。

与印度尼西亚坤甸共同希望语言学院联合培养印度尼西亚学生,全中文讲授的ICT相关课程被纳入该校学分体系,学分计入印度尼西亚学生必修课成绩。2021年以来已连续3学期面向7个班级开设5门ICT技术课程,受益学生累计近300人。采用在线直播的授课方式,极大地提升了课堂教学效果。

（三）推进实施云端联合授课、直播授课，探索海外办学可持续发展新模式

云端联合授课、直播授课为探索服务中资企业海外人才培养，分享培养模式、标准、课程资源等提供了新思路。面对面直播授课方式在师生互动、课堂即时性、教学内容丰富性、课堂教学数字化等方面是最接近线下真实课堂的教学方式，但对两端网络及设备条件要求较高。从授课效率来说，直播授课形式新颖，具有吸引力；课堂组织形式灵活，师生面对面互动；课堂时间利用高效，同时直播课程容纳量大，覆盖面广。从内容交流来说，直播授课具有即时性，师生可以不受时空限制，来自不同国家地域的学生可以共聚一堂，面对面参与课堂活动；同时，直播授课具有集视频、音频、文本于一体的功能，可承载、呈现的信息量大，内容丰富。从吃透内容来说，直播授课可反复观看、学习，加深学生对知识点的理解和领悟。

四、经验与总结

（一）教育合作的可持续性

随着国际化深入发展，国际交流与合作项目比比皆是，新的合作办学点与人才培养模式更是层出不穷，然而提高国际化水平不仅仅看国际化指标的数量，更要看国际化的质量。职业教育合作需考虑合作所带来的价值，合作项目若能给合作方带来发展的价值，项目发展的活力便源源不断、生生不息。深信职院与华为、创维集团、世界技能组织、教育部中外语言合作交流中心共同打造的平台，以及与"一带一路"沿线国家职业院校合作的项目符合国家"一带一路"倡议，符合企业发展目标及院校人才培养与发展需求，因而具有可持续性。

（二）专业技术的发展变革

随着"头部企业＋产业生态"国际数字技能与人才发展模式的逐步推广，教育与技术的深入合作能够给外方院校所在国带去专业技术领域的发展活力；依托与华为共建的华为ICT学院国际人才交流中心、与

世界技能组织共建的国际培训中心光电技术分中心、与创维集团共建的海内外平板显示国际人才教育示范基地等，为合作方带去 ICT、光电技术、平板显示等领域的专业技术与技能，以教育合作促进专业技术和产业发展。

## （三）人才培养为就业赋能

深信职院通过职业教育合作，提供职业技术技能教育与培训，共享国际教育培训课程资源，为世界各地培养职业技术人才。"头部企业＋产业生态"国际数字技能与人才发展模式采用云端联合授课、直播授课等方式，利用数字教学技术，提供高质量的远程学习方案，让优质教学资源通过云端共享，将职业技术和专业技能送到当地院校，为当地产业发展培养所需之人、可用之人，切实解决"一带一路"沿线国家缺少支撑信息通信产业一线人才的问题，缓解劳动力市场的就业压力，促进当地就业与再就业。

# 3. "三走一引"建筑类国际化技术技能人才培养研究与实践

广东建设职业技术学院

陈光荣　李世业　钟佼霖　曾仙乐　赵鹏飞

**摘要：** 通过聚集培养具有国际视野、国际资质、国际标准的高素质建筑类技术技能人才，广东建设职业技术学院构建了"三走一引"国际化人才培养分层交叉体系。"三走"以走出去学习、走出去办学、走出去服务的方式，实现"走出去"的分层递进。"一引"即引进海外优质教育资源，通过合作办学、海外名师来校、课程模块等，吸收海外优秀教学理念、方法和资源，有效促进"三教改革"。整体有效实现教学相长、资源开发、标准分享、模式搭建、文化交融"五维共进"，助力建筑产业的国际化发展和广东建筑强省建设。

**关键词：** "三走一引" "五维共进" 建筑人才

职业教育是直接为经济社会提供支撑的一种教育类型，支持中国企业和产品走向国际，参与国际市场竞争。服务建筑产业发展需要，是建筑类专业职业教育发展的源动力。建筑产业的国际化与全球化发展趋势，需要职业教育开拓对外开放的格局，培养具有国际视野、掌握国际标准、具备国际资质的国际化技术技能人才。广东建设职业技术学院通过引进资源、走出去学习、走出去办学、走出去服务，满足了国际化人才需求、高质量就业、标准分享、文化交融等方面的要求，取得了一系列成果。

## 一、"三走一引"建筑类国际化技术技能人才培养实施背景

国际交流合作已成为高校五大职能之一。国家对高职办学提出了"本地离不开、业内都认可、国际可交流"的建设要求，"双高建设"

以来，提升国际化水平成为重要内容之一，职业教育要为参与国际竞争提供人才支持。广东建设职业技术学院围绕"走向国际"的目标，在坚持"引进来、走出去"并举的基础上，积极培养具有国际视野、国际资质、国际标准的高素质技术技能人才，逐步形成了"三走一引"的特色。"三走"即走出去学习、走出去办学、走出去服务。走出去学习包括国际化教师培养及国际化学生培养；走出去办学，即通过国际化办学探索职业教育走出去路径与模式；走出去服务，是以现代学徒制人才培养模式国际化作为牵引带动。"一引"即引进海外优质教育资源，通过合作办学、海外名师来校、课程模块等，吸收海外优秀教学理念、教学方法、教学资源。

## 二、"三走一引"建筑类国际化技术技能人才培养主要做法

### （一）走出去学习

为了进一步帮助师生拓宽国际视野、了解国际习俗、熟悉国际规则、获取国际资质，在国际化教师培养方面，大力支持教师赴海外学习进修、获取国际证书，如赴海外建筑类产教融合育人学习班的绩效得到了国家外专局的充分肯定。在国际化学生培养方面，依托在海外设立的创新创业研习基地，与海外高校、企业、政府等产学研共同体合作育人，助力培养支撑海外建筑企业需求的国际化建筑工匠。在中国—新西兰合作基地，师生创新创业研习已进行到第五期，研习中师生通过展示良好的形象，传播了中国声音，讲述了中国故事，积极为合作发展做出贡献。

### （二）走出去办学

随着国家"一带一路"倡议发展，建筑企业加快走向国际市场，为了相应技术技能人才培养需要，积极探索职业教育协同企业走出去，2016 年，广东建设职业技术学院获教育部遴选成为职业教育走出去首批试点项目院校。2019 年与中国有色集团合作，首个海外分院赞比亚分院揭牌，开设了技能班和学历班，培养了一批本土学员，支持了当地

中资企业的发展。与中国有色人才中心共建了"一带一路"职业教育走出去研究中心，承办了职业教育"走出去"工作研讨会、教学管理研讨会、课题研讨会等，探索了"技术标准引领职业标准、职业标准引领职业教育标准"的中国标准"走出去"实现路径，形成了"四位一体、八双育人"校企协同海外办学新模式。

在推广应用方面，在赞比亚海外分院基础上，推进粤非合作能力建设培训基地建设，开设了对外建筑汉语培训班、粤企赴非交流培训班。为坦桑尼亚教育部门编写的建筑工艺师8级、建筑师7级、土木工程技术员6级等岗位职业标准及专业教学标准，该标准已通过审核认证，被纳入坦桑尼亚职业教育体系。开展巴基斯坦海外分院建设工作，与当地省立技术学院开展合作人才培养，道桥专业人才培养方案已通过当地职教局和技术教育委员会的审核，被纳入本土专业人才培养方案，是巴基斯坦引入的首个海外人才培养方案。

### （三）走出去服务

现代学徒制人才培养模式是通过建筑类专业等的海内、外实践探索形成的一种典型的校企协同、产教融合的人才培养模式，已在国内形成了相关的框架体系和质量标准，并已成熟应用。学院依托作为全国及广东现代学徒制工作专家指导委员会主任委员单位的身份，积极牵头推进现代学徒制人才培养模式国际化，通过海外讲课、来华师培、设立海外研培中心、承办研讨会等，进行现代学徒制人才培养的交流推广，让更多的国家了解中国特色学徒制人才培养模式，感受中国师徒温情，提供了学徒制人才培养模式的中国方案，带动了服务发展。

### （四）引进资源

积极引进海外优质教育资源，促进"三教"（教师、教材、教法）改革，提升人才培养国际化水平，通过专业合作办学、海外名师来校、优质课程引进等，吸收海外优秀教学理念、教学方法、教学资源。在合作办学方面，与海外高校合作开展建筑会计专业、建筑工程技术专业、应用韩语专业等合作办学，给当地学生提供国内国际双文凭的学习机会。在海外名师来校方面，通过申报广东省海外名师项目支持海外优秀教师来学院任课。来校教师带来的一般是整个课程模块，如芬兰的创新创业教育、新西兰的课程设计与实施、英国的以学生为中心教学法等，给教学带来了新的融会提升。

### 三、"三走一引"建筑类国际化技术技能人才培养成效

#### （一）培养了一批国际化人才

学院通过海外名师来校、海外国培学习及海外教学，帮助一批专业教师取得了国际教师资格证、对外汉语教师资格证，锻炼了一支国际化的教师队伍，通过接轨国际，更有信心、更有能力服务国际化发展。学生通过参加海外研习、交换学习等，提升了参与国际竞争的能力。海外办学培养的本土技术技能人才，为当地中资企业的发展提供了更好的服务。值得一提的是，在遇到疫情等困难的情况下，本土就地培养的国际化人才有助于促进交流沟通、服务当地发展。

#### （二）制定推广了中国标准

人才培养的专业标准、课程标准接轨国际，有助于促进教学相长，有助于人才培养水平的提升，让"引进来"可以更好地"走出去"。学院结合"中文＋技能内容及建筑汉语"课程，先后参与海外建筑技术专业、道路与桥梁工程技术专业、建筑工艺师等专业标准的编制认证。"四位一体、八双育人"，校企协同海外办学新模式、现代学徒制人才培养模式等通过海内外实践探索，形成了中国智慧和中国方案，讲述了职业教育的中国故事。这为中国的职业教育服务国际、参与职业教育的国际标准制定探索了路径。

#### （三）建设了一批国际化教学资源

学院先后开发论证了建筑技术、建筑会计、建筑水电等国际化专业教学标准，组织编写了系列双语教材如《建筑架子工》《建筑焊工》《建筑专业汉语》等，承担了建筑设备工程技术国家专业资源库子项目"一带一路"之窗建设，建设了系列双语课程资源，建设的建筑技术海外实训基地获得了机关机构认定，人才培养方案获得了国际一定的认可。

### （四）促进了中外人文交流

师生在"走出去"过程中，不仅收获了海外建筑技术操作规程及创新创业体会，还很好地展示了自身的专业素质及人文素养，受到了海外学校、企业的高度评价，展示了良好形象、传播了中国声音、增进了国际友谊。在海外办学过程中，在技能班及学历班开设了基础汉语和专业汉语课程，提高了本土学生对中国文化和中国语言的理解，促进了民心相通、人文交融。在人才培养模式国际化过程中，增进了本土学生对中国职业教育的了解和兴趣，吸引了海外教师来体验交流，也有助于提升来华留学的吸引力、竞争力和影响力。

## 四、经验总结和推广应用

从职业教育全方位、高水平对外开放的定位出发，探索形成"三走一引"分层交叉体系，组建国际化的内在逻辑，成为中国职业教育适应与接轨国际通用话语体系、深度参与全球职业教育治理、彰显影响力的重要方式之一。与海外高校、企业、政府等产学研共同体合作，推动职教"走出去"，助力培养支撑海外建筑企业需求的国际化建筑工匠；探索形成中国标准国际化实现路径，形成了"内外融入、课证融通、产教融合"的建筑类人才培养路径。

秉承"建海外分校，办特色专业"的办学理念，探索形成职业教育校企协同海外办学模式，凸显了海外育人的"八双"特点，实现办学模式创新。积极向国际推广已取得应用成果的中国特色学徒制，扩大该人才培养模式的国际影响。随着学院海外分院建设的开展，学院有效促进了建筑类国际化技术技能人才的培养、更好地服务了中资企业和当地经济的发展。总体来说，基本实现了"当地离不开、业内都认同、国际可交流、模式可复制"的发展目标，校企协同境外办学模式已逐步成为境外办学的有效途径。

学院持续推进与海外院校及专业机构的交流合作，突破人文交流原有格局，以职业教育开展融入中国元素的建筑技术和建筑汉语教学，传递"鲁班工艺和中国工匠"精神，培养一批懂中国文化、亲华友华的本土师生。这种方式成为中外人文交流增进友谊、增强互信合作的新机制。

# 4. 多措并举，开拓"中文＋农业职业技能"新路径

广东农工商职业技术学院

包映蕾　刘朝阳

**摘要：** 伴随我国经济建设的迅猛发展，推动着国际中文教育和职业教育融合发展，在海外实施"中文＋职业技能"教育，意义深远。广东农工商职业技术学院开展"中文＋农业职业技能"合作模式的探索与实践，因地制宜、因材施教，引领农业职业院校"走出去"，为"中文＋职业技能"教育发展开辟了新路径。

**关键词：** "中文＋"　农业职业技能　新路径

## 一、案例背景

《教育部关于印发〈推进共建"一带一路"教育行动〉的通知》（教外〔2016〕46 号）中指出，国际合作的重点是"以基础性、支撑性、引领性三方面举措为建议框架，开展三方面重点合作，对接沿线各国意愿，互鉴先进教育经验，共享优质教育资源，全面推动各国教育提速发展"。在 2020 年 11 月举办的亚太经合组织第二十七次领导人非正式会议上，国家主席习近平提出："中国愿同亚太各方一道，共创共享亚太和平繁荣美好未来，向构建人类命运共同体目标不断迈进。"广东农工商职业技术学院开展"中文＋农业职业技能"项目建设，目的就是推动中国语言文化、农业职业标准走向世界，服务中国企业"走出去"，打造中外职业教育共同体。

## 二、学院开展"中文＋农业职业技能"情况概述

广东农工商职业技术学院是广东省"一流高职院校"、省域高水平高等职业院校，已有 70 年的办学历史和 20 年的国际化办学经验，在校

生 2.38 万余人。学院先后与 28 个国家及地区的 60 多家高校、教育机构和企业建立了长期稳定的合作，迄今共招收来华国际留学生 129 名。学院地处亚热带地区，拥有 45 个涵盖热带农业全产业链经营的专业。依托广东农垦"走出去"企业的全球化发展战略，学院与"一带一路"共建国家和地区优质院校合作，按需定制培养本土化技术技能人才，加强师生交流，融合共享符合本土化和具有国际影响力的专业技能、课程标准、教学资源、共享农职职教模式，持续提升海外农业产业官员和员工的农业技能，打造农职国际品牌。近五年，东南亚国家来访人员达 500 多人次，为学院赢得了广泛的国际声誉，学校在 2017 年、2018 年连续两年获得"全国高职院校国际影响力 50 强"称号。

图 1　2017 年获全国"高职院校国际　　图 2　2018 年获全国"高职院校国际
　　　　影响力 50 强"称号　　　　　　　　　　影响力 50 强"称号

## 三、"中文＋农业职业技能"新路径的具体实施与成效

### （一）分享教育标准强特色，打造职业教育共同体

学院通过分享标准、广泛建立姊妹校、召开国际研讨会、建立热带国家资料库、开展国外教师培训等多种举措提高办学水平，打造中外职业教育共同体。学院与东南亚地区高校、企业互动频繁取得重大进展。《橡胶加工安全生产规范》行业标准已被泰国最大的橡胶生产企业（泰华树胶）的 22 个工厂和广东农垦在泰国、柬埔寨的 5 家海外分公司采纳并使用。

图3 《橡胶加工生产安全员工手册》

图4 广垦橡胶泰国董里分公司按照《橡胶加工安全生产规范》开展消防演练

学院积极践行"职教20条",实现了到2022年"建成覆盖大部分行业领域,具有国际先进水平的中国职业教育标准体系"的目标,推动了专业课程国际化和标准体系国际化。学校BTEC中心开发的"人力资本管理"和"猎头实务"的专业教学标准,归入英国培生集团BTEC HND新大纲人力资源管理专业,在120个国家及地区的7000多个BTEC中心使用;"广东商业环境"课程的教材和标准已在泰国、马来西亚、柬埔寨26所职业技术学院供学生选修,500多名学生选修这门课程。学院开发的"走进广东"课程标准在泰国、马来西亚22所职业技术学院得到广泛使用。

学院成立了东南亚研究所,与马来西亚、泰国、柬埔寨25所学校签署了多项合作协议,召开5次国际研讨会。学院与东南亚地区高校、企业互动频繁取得重大进展。先后与马来西亚砂拉越科技大学、泰国格乐大学等21所学校建立姊妹校,开展师生交换项目9个;接待了泰国和柬埔寨19所职业院校校长来访。学院在东南亚国家成立4个国际合作中心,开展企业合作等项目7个,近两年,培训了来自泰国29所职业院校的教师85人。

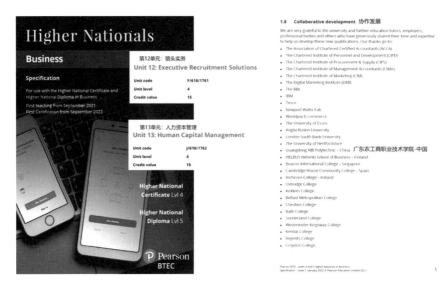

图5 "人力资本管理"与"猎头实务"课程标准

图6 《广东商业环境》教材

图7 使用《广东商业环境》教材
进行培训

图 8　东南亚研究所

图 9　2018 年召开"发展中国家农业
科技创新国际研讨会"

图 10　2018 年召开"中泰职业教育
研讨会"

图 11　2019 年召开"广东—太平洋岛
国农业技术与管理研讨暨企业对接会"

图 12　2019 年召开"中泰职业教育
研讨会"

图 13　2019 年中国—马来西亚大学
合作签约仪式

图14　2018年，11所泰国职业院校
校长团来访

图15　2018年，泰国5所农业职业院校
校长来访

图16　2018年，柬埔寨2所职业院校
校长来访

图17　在马来西亚留华同学会砂拉越
总会成立招生中心

图18　在马来西亚莱拉学院成立
国际交流中心

图19　2018—2019年，学校为泰国
29所职业院校共68位教师开展为期
两周的汉语培训

（二）实施援外培训显实力，农业职业技能强服务

作为农业农村部直属院校和华南农垦培训中心，学院与"一带一路"沿线国家开展农业领域务实合作，一直以来承担着农业领域的培训任务，积累了丰富经验。为配合我国服务"一带一路"沿线国家并致力推动相关国家农业领域务实合作的战略举措，2018—2019年学校承接了农业农村部10个援外培训班。

图20 2018年泰国农村发展研修班

图21 2018年发展中国家现代农业管理研修班

图22 2018年巴拿马农业发展研修班进行实地教学

图23 2018年发展中国家现代农业科技创新研修班

图24　2018年哥伦比亚冲突后重建
系列研修班

图25　2018年阿富汗农村政策
与实践研修班

图26　2019年"广东—太平洋岛国
农业技术培训班"第一期

图27　2019年"广东—太平洋岛国
农业技术培训班"第二期

图28　2019年"广东—太平洋岛国
农业技术培训班"第三期

图29　2019年南太平洋岛国热带作物
生产官员研修班

　　学院对来自"一带一路"沿线国家的农业、资源、教育、林业、水利、科技等部门的政府官员、农业官员、农业管理人员及农业技术人员在学院位于湛江的5600亩农业基地开展现场教学，讲授中国热带作物的种植管理方式，体现了学院坚实的办学实力；打造学院国际化培训品牌，体现了学院坚实的办学实力和良好的社会服务意识和责任担当。

### （三）相伴广东农垦"走出去"，助力海外企业显担当

作为广东"农"字头高职院校，学院坚持"立足农垦、服务社会"的办学定位，秉承"垦区产业发展到哪里，学院专业服务到哪里"的理念，广泛开展服务项目。学院先后在泰国、柬埔寨建立了广东农工商职业技术学院学习中心。目前，学院有 24 位教师在海外企业兼职，为广东农垦 27 家海外企业培训 3000 多人次。学院教师还承担了"中国农垦品牌文化策划研究项目"等课题研究。为拓展海外市场，实现再造"海外新农垦"目标，学院与马来西亚砂拉越泗里奎民立中学、广东省广垦橡胶集团马来西亚分公司合作在马来西亚建立了广东农工商职业技术学院热带农业现代产业学院。近 5 年，学院为广东农垦举办了各类广垦海外企业培训班 15 期，培训 3000 多人，培养了海外员工对中国文化、企业文化的认同。

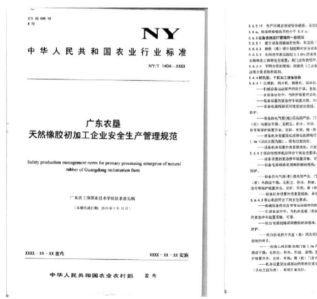

图30 《广东农垦天然橡胶加工企业安全生产管理规范》行业标准

图31 《广东农垦天然橡胶加工企业安全生产管理规范》
"农垦执法监管专项工作经费（安全生产）"立项证书

图32 《橡胶加工生产安全员工手册》中英泰三语版

图33 "热带农业现代产业学院项目
合作协议"签约现场

图34 海外媒体报道《热带农业
现代产业学院项目合作协议》

## （四）搭建中文学习"立交桥"，构建文化交流新通途

学院根据国际中文学习者不同类型特征，实施分类教学，搭建方式灵活、资源丰富的国际中文学习"立交桥"，传播中华文化，增强中国文化的世界影响力。

学院面向低龄段学生，开展"汉语文化体验营"活动。2019年，通过儿歌吟唱、古诗诵读、武术练习、书法体验等深度体验方式让来自泰国的小学生们进一步了解中国文化，提高其学习兴趣。

图35 "泰国学生汉语文化体验营"项目活动

学院面向中学生，开设"泰国学生汉语文化游学"项目。2019年，为泰国中学生开办了为期31天的汉语文化学习项目，组织学生学习书法、武术、剪纸等课程，以及到佛山等地开展实地文化体验活动，全方位、多角度增进其对中华文化的深度学习。

图36 "泰国学生汉语文化游学"项目

学院面向国际语言生，开设了国际汉语培训班和学历提升班。2018年9月，学院首次招收丹麦籍学生，开设国际汉语语言班。同时，招收了来自世界各地的129名国际学生，为"一带一路"沿线国家输送国际人才。

图37　国际学生开展活动

面向职业院校教师，专门开设教师汉语研修班。学院与泰国职业教育中文教师协会签署协议成立了"中文＋职业技能"学习中心。迄今，共有100余名泰国职业院校教师来校参加了汉语研修班的培训。

图38　2018年泰国职业院校教师汉语研修班

图39　2019年泰国职业院校教师汉语研修班

图40　2021 年泰国职业院校教师汉语线上研修班

四、未来展望

　　学院在服务"中文＋农业职业技能"人才培养过程中虽然取得了一些成果，但在如何加快信息技术与"中文＋农业职业技能"教育融合发展等方面仍需深入探索。学院深刻地体会到资源建设的背后是国家综合实力的强大支撑，以数字资源建设为先导，逐步拓展产业链，扩大资源规模，以支持各种形式的线上、线下结合的教学模式是我们的责任。今天，中国正快速走近世界舞台的中央，中国作为汉语母语国，有责任为海内外中文教育提供数量充足、质量上乘的教学资源，为促进中外人文交流和民心相通、推动人类命运共同体构建做出更大贡献。学院将坚定不移推进"中文＋农业职业技能"项目发展，不断创新思路，拓展合作领域，培养更多懂技术、懂语言、懂文化的本土优秀人才。

# 5. 创新海外研习模式　开拓学生国际视野

广州番禺职业技术学院

刘殿兰　黎姚涛

**摘要：**积极吸收和借鉴发达国家职业教育的先进经验，提高职业院校人才培养的国际化程度，吸引境外学生来校学习，职业院校到国（境）外开展多领域的国际合作项目，是经济全球化和服务国家"一带一路"建设的客观需要。广州番禺职业技术学院利用学院品牌和专业优势，以与新加坡南洋理工学院互设的学生海外研习基地为平台，创新合作模式，在办学特色、教学模式、科技合作等方面相互学习、各取所长、共同发展，形成了独特的运行模式与特色。

**关键词：**合作模式　研习基地　云端活动

近年来，广州番禺职业技术学院积极贯彻落实国际化发展战略，探索和实践符合高职教育发展要求和学院发展实际的对外交流与合作模式，坚持优质教育资源"引进"和"分享"双向并举，在引进和利用国（境）外优质教育资源、中外合作办学、海外分院与职业技能培训中心建设、海外研习基地建设、学分互认、专业标准和课程资源共享、服务"走出去"企业、学生国际胜任力培养、师资队伍及校园文化国际化建设等方面取得了实效。2018年6月，广州番禺职业技术学院与新加坡南洋理工学院学生海外研习基地合作项目入选首批20个"中国—东盟高职院校特色合作项目"，成为广东省两个入围项目之一，并受邀参加中国—东盟教育交流周系列活动之职业教育国际论坛暨特色合作项目成果展示。

图1 "中新双向研习基地项目"入选首批20个"中国—东盟高职院校特色合作项目"

## 一、双方合作院校

### (一)中方合作院校：广州番禺职业技术学院

广州番禺职业技术学院是全国首批、广州市属第一所公办全日制普通高等职业院校。2016年11月成为广东省一流高职院校建设计划立项建设单位。2017—2019年荣获"全国高职院校国际影响力50强""全国高职院校服务贡献50强""全国高职院校教学管理50强""全国高职院校育人成效50强"等荣誉称号。2019年7月，被教育部评为全国"优质专科高等职业院校"。2019年12月，入选中国特色高水平高职学校建设单位30强。

### (二)外方合作院校：新加坡南洋理工学院

新加坡南洋理工学院成立于1992年，是新加坡政府所属的以理工科为主的高等教育学府，是新加坡政府为了满足新加坡不断飞跃增长的经济和对人才的需求而建立的五所国立理工学院之一。学院素来以学风严谨而受到教育界的高度评价，是一所被公认的、具有高度创新文化的综合性学院。

## 二、中新双向研习基地项目特色与亮点

### （一）基地项目创建

2009 年，广州番禺职业技术学院与新加坡南洋理工学院签署《中国广州番禺职业技术学院与新加坡南洋理工学院合作意向书》，广州番禺职业技术学院成为中国华南地区新加坡"学生海外研习基地"（广州）。

**图 2　与新加坡南洋理工学院海外研习基地（广州）合作意向书续签仪式现场**

根据合作意向书，南洋理工学院每年派 4 批学生来广州番禺职业技术学院进行项目研习，每批 40 名学生，研习时间为 2 ～ 4 周。研习完成后，学生获得广州番禺职业技术学院颁发的课程结业证书及相应的学分。

自 2010 年研习基地运行以来，广州番禺职业技术学院累计接收新加坡南洋理工学院 2157 名师生在广州番禺职业技术学院研习。其中包含 2022 年参与云端研习活动的师生 272 人。

表1 新加坡南洋理工学院师生在广州番禺职业技术学院研习人数统计

单位：人

| | 第一批 | | 第二批 | | 第三批 | | 第四批 | | 合计 | |
|---|---|---|---|---|---|---|---|---|---|---|
| | 学生 | 教师 | 学生 | 教师 | 学生 | 教师 | 学生 | 教师 | 学生 | 教师 |
| 2010 | 43 | 4 | 53 | 4 | 37 | 4 | 55 | 5 | 188 | 17 |
| 2011 | 58 | 4 | 61 | 4 | 62 | 5 | 71 | 4 | 252 | 17 |
| 2012 | 62 | 5 | 31 | 2 | 53 | 3 | 91 | 5 | 237 | 15 |
| 2013 | 60 | 3 | — | — | 63 | 3 | 41 | 3 | 164 | 9 |
| 2014 | 123 | 6 | 44 | 3 | 65 | 3 | 41 | 2 | 273 | 14 |
| 2015 | 19 | 1 | 38 | 2 | 59 | 3 | 33 | 2 | 149 | 8 |
| 2016 | 20 | 1 | 34 | 2 | 52 | 3 | 40 | 3 | 146 | 9 |
| 2017 | 44 | 4 | 45 | 3 | 39 | 3 | — | — | 128 | 10 |
| 2018 | （3月12—23日）15 | 2 | （3月26日—4月3日）32 | 3 | （9月3—14日）38 | 2 | （9月17—28日）45 | 3 | 130 | 10 |
| 2019 | 3月18—29日 学生35人，老师3人 | | | | 9月2—14日 学生26人，老师2人 | | 9月18—30日 学生40人，老师3人 | | 101 | 8 |
| 2022 | 3月15—18日 师生272人 | | | | | | | | 272 | |
| 合计 | | | | | | | | | 1768 | 117 |
| 总计 | | | | | | | | | 2157 | |

2016 年，广州番禺职业技术学院"学生海外研习基地（新加坡）"在新加坡南洋理工学院正式挂牌运行。

图 3　学生海外研习基地（新加坡）挂牌

根据协议，广州番禺职业技术学院每年组织 2 批 30 名左右学生赴南洋理工学院研习，研习完成后，学生获得相应学分。

图 4　广州番禺职业技术学院学生在新加坡南洋理工学院研习

自 2016 年以来，广州番禺职业技术学院累计派出 282 名师生到新加坡南洋理工学院研习。

表2　广州番禺职业技术学院师生到新加坡南洋理工学院研习人数统计

单位：人

| 年份 | 研习批次及人数 | | | 学生 | 教师 |
|---|---|---|---|---|---|
| 2015 | 10 月 24—29 日学生 10 人，老师 2 人 | 11 月 24—29 日学生 10 人，老师 2 人 | | 20 | 4 |
| 2016 | 5 月 18—27 日学生 21，老师 2 人 | 12 月 5—14 日学生 23 人，老师 2 人 | | 44 | 4 |
| 2017 | 5 月 8—17 日学生 32 人，老师 2 人 | 7 月 9—22 日老师 20 人 | 11 月 28 日—12 月 7 日学生 25 人，老师 2 人 | 57 | 24 |
| 2018 | 5 月 7—16 日学生 29 人，老师 2 人 | 11 月 19—28 日学生 37 人，老师 2 人 | | 66 | 4 |
| 2019 | 5 月 14—23 日学生 31 人，老师 2 人 | 12 月 2—11 日学生 24 人，老师 2 人 | | 55 | 4 |
| 合计 | | | | 242 | 40 |
| 总计 | | | | 282 | |

## （二）基地项目运行及管理

新加坡南洋理工学院及广州番禺职业技术学院高度重视两校之间的友好合作，尤其是海外研习基地的建设，形成了经常性高层与项目运行专业部门人员的联络沟通，保证项目的高质量运行。

### 1. 精心设计研习内容及形式

新加坡南洋理工学院学生在广州番禺职业技术学院研习基地的研习项目包括：自带专业项目、特色课程、企业认知、岭南文化及城市文化体验、师生专业对口交流等。

图5　新加坡南洋理工师生体验中国茶艺文化

## 2. 规范研习项目运行及管理

为使项目正常、稳定地运行，双方均制定相关管理规定，由专门团队和专人负责。在项目的实施过程中，通过了解学生的需求和广州番禺职业技术学院的要求，对项目进行合理设计，实施规范化、人性化的管理，同时建立及时的项目反馈和评估体系，确保项目的长期、稳定运行。

研习基地提供的专业化、实践性的特色课程以及符合学生智趣的"学做结合"的体验式教学、内容丰富的工业考察、岭南文化及第二校园体验，以及规范有序的项目管理得到南洋理工学院师生的高度认可，广州番禺职业技术学院研习基地成为南洋理工学院学生热衷的选择。

图6　新加坡南洋理工学院师生参加研习活动

## （三）项目特色与亮点

### 1. 参与度高、受益面广、稳定性好、可持续性强

来华研习师生 2157 名，赴新研习师生 282 名，双向互动交流充分。短期研习项目作为师生教育的补充，具有时间短、见效快的特点，对于促进中外师生之间的了解和交流、宣传中国文化、增进友谊发挥了积极作用。

### 2. 境内境外相结合、校内校外相结合、课内课外相结合

在每一批研习项目实施前，根据专业要求及个性化需求的不同，双方管理人员及教师多次协调沟通，编制详尽的研习日程，并做好应急预案；充分利用校内外资源，不断开发新资源以满足学生研习需要；广拓研习内容，使研习师生获得了更多的当地文化体验，为双方师生创造了更多的交流互动机会。

### 3. 研习课程特色凸显"传统技艺＋中国元素"

广州番禺职业技术学院皮具艺术设计专业作为广东省高职教育一类品牌专业，借助中国传统文化优势和广东特有的时尚市场背景，打造有国际水准的特色课程，对新加坡学生有极强的吸引力。

## 四、研习基地如何高质量运行的挑战与应对

2022 年，双方共同举办"疫情不隔情，中新暖心行"为主题的云端研习活动。据统计该活动双方参与师生为 1500 余人。活动全程通过高新技术等手段让双方师生了解双方的专业项目、特色课程、企业认知、岭南文化及城市文化体验等。

今后研习基地将利用现代信息技术，创新推动国际学生交流，借助人工智能、大数据、5G 等新技术媒介，突破教学与科研交流合作的物理空间和人员流动限制，积极通过云端会议、云讲座、"空中工作坊"等新形式，促进创新国（境）外研习模式，开启双边师生云端专题培训新时代。

图7　2022年3月，双方开展以"疫情不隔情，中新暖心行"为主题的云端研习活动

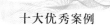
# 6. 中餐繁荣基地，助推粤菜文化走出国门

顺德职业技术学院

冯才敏　陈　健　傅银燕　郭永生　苏适仪　老咏仪

**摘要：**顺德职业技术学院依托顺德"世界美食之都"的美誉，开设了烹饪专业国际化职教课程，携手本地政府、餐饮企业共同建设国际烹饪交流与培训平台，向世界推广粤菜美食文化、推动粤菜师傅和粤菜文化"走出去"。

**关键词：**"一带一路"　交流合作　烹饪　海外中餐繁荣基地

## 一、项目背景

顺德是粤菜发源地和粤菜大师之乡。顺德职业技术学院（以下简称"顺德职院"）烹饪专业传承并创新了粤菜菜品和烹饪技艺，为社会培养了一批优质餐饮业人才，并服务社会承担了"学厨脱贫"项目，为国家脱贫攻坚做出了巨大贡献。

经过多年的发展，烹饪专业对外合作频密，国际化发展充分，专业具备了"走出去"的实力。2017年，经过官方申请，国务院侨务办公室发文在该学院设立国务院侨办"海外惠侨工程——中餐繁荣基地"，并在2018年正式挂牌。学院依托"海外惠侨工程——中餐繁荣基地"的平台多次开展餐饮文化交流活动，为来自20多个国家和地区，超过500名海外友人培训及推广了中餐烹饪技巧，为粤菜烹饪技艺和中华饮食文化向海外传播做出了贡献。2018年8月，国务院侨办中餐繁荣广东（顺德）基地和顺德厨师学院联合在美国休斯敦中国人活动中心设立了"粤菜名厨学堂"，着力为发扬粤菜文化进行技艺培训及推广交流，推动粤菜师傅和粤菜文化"走出去"。

## 二、运作方式

中餐繁荣基地由国务院侨务办公室、地方侨办、顺德职业技术学院共同支持运作。国务院侨务办公室与地方各级政府负责上级资金落实、外事交流资源引荐、项目的对外宣传推广，顺德职业技术学院负责培训课程标准建设、投入师资力量、开展烹饪文化交流与培训。

## 三、成果与创新

2017 年以来，顺德职院依托中餐繁荣基地为来自十多个国家和地区的海外友人培训及推广了中餐烹饪技巧，海外烹饪培训与交流 30 多批次，共开展 830 人日的烹饪培训及交流活动，为全球十多个国家和地区海外华人餐饮企业提供了技术标准化培训，直接增强了中餐文化在海外的口碑和影响力。自 2017 年以来，顺德职院重要国际化烹饪交流与培训活动包括：

### （一）海外中餐行业协会负责人交流团（研习班）交流活动

2018—2019 年，广东省侨办、顺德侨办及顺德职业技术学院多次合作主办了"海外中餐行业协会负责人交流团（研习班）"项目，交流活动在顺德职院开展。顺德职院烹饪大师为来自韩国、日本、英国、西班牙、墨西哥、阿根廷、加拿大、美国等 20 多个国家和地区的 53 名海外中餐行业协会负责人开展了烹饪技艺培训，推动了粤菜文化在海外的传播。

### （二）意大利驻广州总领事馆为顺德职院友好交流机构

2019 年 11 月，意大利总领事馆白露茜（Lucia Pasqualini）总领事及意大利烹饪大师来学校参加"意大利美食周"，顺德职院师生与意大利烹饪大师相互交流了中意烹饪技艺，为两国美食文化的交流搭建桥梁。2020 年 11 月，该学院烹饪教师应意大利驻广州总领事馆的邀请在佛山开展烹饪技艺交流，顺德职院烹饪教师为在场 20 多名意大利大厨展示培训了中餐烹饪技艺。

### （三）组织厨艺比赛

为弘扬粤菜文化，顺德职院于 2019 年、2020 年、2021 年组织、参与了由广东省政府主办了粤港澳大湾区"滋味湾区"校际厨艺比赛，与港澳地区餐饮行业负责人开展了烹饪交流，展现了粤菜技艺的多样性和艺术性。

## （四）促进粤澳两地烹饪文化官方交流

2021年11月，顺德职院受顺德、澳门两地政府部门的邀请，派遣黎永泰等3名大师赴澳门参与了澳门旅游学院、顺德职院及澳门美高梅合办的"创意城市美食之都澳门、顺德饮食文化交流大会"。此次大会于11月16—17日举行。该学院三名大师通过现场烹饪演示、教学，分别与澳门业界交流厨艺、与学生分享岭南餐饮文化，冀望以饮食文化为媒，推动澳门、顺德两地的旅游人才培养合作踏上新台阶。

## （五）依托平台开展多项特色的国际烹饪交流

2017年至今，顺德职院依托"中餐繁荣基地"的平台，为多个大型团组开展了多项交流活动，包括美洲至孝笃亲总公所访问团、广外国际学生团组师生、南非华裔青少年中国寻根之旅代表团、"寻味顺德·寻根之旅·恳亲之旅活动"等。2018年3月，顺德职院师生4人赴法国尚邦市制作顺德菜，向法国推广顺德美食文化。同年8月22日，受国务院侨务办公室委托，广东省侨务办公室主办的中餐繁荣活动——"食在广东·广东美食"文化海外行活动在哥斯达黎加首都圣何塞举行。顺德区外事侨务局和国侨办中餐繁荣基地（顺德职业技术学院）组织了5名中国烹饪大师以及顺德职院1名教师前往，现场制作美食，并表演顺德美食技艺。

## （六）政校企合作共建果断国际化烹饪交流平台

2018年8月，国务院侨办中餐繁荣广东（顺德）基地和顺德厨师学院联合在休斯敦中国人活动中心设立了"粤菜名厨学堂"。2018年12月12日，广东省侨办依托顺德职院中餐繁荣基地及烹饪专业资源，协同顺德区政府在休斯敦挂牌成立"粤菜师傅海外交流基地"，着力为发扬粤菜文化进行技艺培训及推广交流，推动粤菜师傅和粤菜文化"走出去"。

四、经验与总结

（一）以根植优势产业的特色专业为引领，可增强中国职教国际竞争力和影响力

顺德美食产业发达，素有"中国厨师之乡"的美称，更被联合国教科文组织授予"世界美食之都"的称号。顺德名店林立，目前全区拥有"中华餐饮名店"36 家，"食在广东"钻石名店 21 家，"世界美食之都"顺德美食示范店 50 家，顺德餐饮名店 50 家。顺德职业技术学院针对行业企业"走出去"的战略需求开展专业建设，联合餐饮名店研发适用于海外的新品菜式，开发了"粤菜制作"等烹饪专业技术标准，为本土餐饮企业培训走向海外的烹饪大师，以此支撑和推进"双高"国际化建设，取得理想效果。

（二）以国家级高端平台为支撑，可提升中国职教"走出去"质量和水平

国务院侨务办公室发文同意顺德职院成立"海外惠侨工程——中餐繁荣基地"。自平台成立以来，顺德职院与国务院侨办、广东省侨办，进行了定期的沟通，及时了解海外烹饪人才的需求、国际社会育人标准、国际课程体系的相关要求，根据国家最新指导精神开展国际化教学资源库建设、学术研究、标准研制等工作；实施职业学校教师教学创新团队、高技能领军人才和产业紧缺人才境外培训计划，为打造中国职教品牌提质升级。

（三）以政企合作为保障，可加快中国标准国际化的规模和步伐

自顺德职院"海外惠侨工程——中餐繁荣基地"平台成立以来，国家、省、地方三级政府协同海内外企业与顺德职院联动频密，2018 年及 2019 年度，广东省侨办多次组织海外餐饮企业及中资驻外餐饮企业来顺德职院开展"海外中餐行业协会负责人交流团（研习班）交流活动"，并在 2018 年两度组织该学院师生分别赴法

国、哥斯达黎加的中餐企业开展大规模粤菜文化推广活动。政府与企业的合作参与，增加了专业标准国际化的机遇，为中国标准走向海外添砖加瓦。

# 7. 续写中马汽车合作新篇章，探索国际职教合作"云"模式

广东交通职业技术学院

黄景鹏　郭海龙　郑少鹏　陈　翔　王庆坚　蒋翠翠

**摘要：** 中马国际教育合作项目始于 2017 年，是广东交通职业技术学院与马来西亚 SLC 汽车工艺学院两校以培养国际化汽车维修技术等专业方向的技术技能型人才为共同目标而开展的国际教育合作项目。该项目开创了广东省乃至全国汽车国际职教合作的新模式。

项目通过招收马方留学生，开展汽车专业特色课程、企业文化参观、岭南文化体验等方式，培养国际化汽车人才；同时通过国际教育师资互聘、共享专业标准等方式，两校资源共享，共同开展人才培养所涉及的招生、教学、培训等各环节工作，形成了独特的国际化汽车人才职业教育运行模式与特色，并作为广东省高职院校中唯一获选的项目入选了教育部第二批"中国—东盟高职院校特色合作项目"。

为了克服疫情给国际合作项目带来的影响，推动中马汽车职业教育国际合作项目，续写国际职业教育合作新篇章，探索国际教育合作"云"模式，两校迎难而上，共同组织了中马汽车职业教育合作线上直播"云教学"活动。

**关键词：** 国际教育合作　汽车人才　留学生　"云"模式

中马 SLC 项目始于 2017 年，是广东交通职业技术学院与马来西亚 SLC 汽车工艺学院两校以培养国际化汽车维修技术等专业方向的技术技能型人才为共同目标而开展的国际合作项目，该项目开创了广东省乃至全国汽车国际职教合作的先河。项目通过招收马方留学生，开展汽车专业特色课程、企业文化参观、岭南文化体验等方式，培养国际化汽车人才；同时通过国际教育师资互聘、共享专业标准等方式，两校资源共享，共同开展人才培养所涉及的招生、教学、培训等各环节工作，形成

了独特的国际化汽车人才职业教育运行模式与特色。该项目作为广东省高职院校中唯一获批的项目入选教育部第二批"中国—东盟高职院校特色合作项目"。

## 一、响应倡议，开启国际合作

2017年8月，为充分响应国家"一带一路"倡议，深化与东南亚国家有关院校的职业教育国际交流与合作，联合打造"国际立体职业教育培训基地"，在"一带一路"沿线国家上，率先走出一条更"接地气"、更稳健的教育交流之路；不断促进国际化技术技能型人才的培养，学院与马来西亚SLC汽车工艺学院签订国际职业教育合作框架协议。

**图1　合作框架协议研讨**

## 二、正式签约，树立标杆

2018年11月，为进一步加强合作，切实开展国际留学生学历教育、职业技能认证以及国际化师资培训等方面的工作，学院与马来西亚SLC汽车工艺学院经充分磋商，就人才培养方案、国际留学生学历教育、招生就业与教育教学资源共享方面的意见达成一致，并签署中马两校国际教育合作协议。同时，在汽车与工程机械学院进行"马来西亚SLC汽车工艺学院中国分校"揭牌仪式。

图2　国际教育合作签约

图3　马来西亚 SLC 汽车工艺学院中国分校揭牌

　　为充分发挥中马合作项目在该学院国际交流合作的重要"桥头堡"作用，进一步提升学院师资水平开拓教师的国际视野、推进汽车学院专业群国际化教学的进一步发展、为建设学院优质教学资源提供保障，2019 年，学院派出教学团队赴马来西亚 SLC 汽车工艺学院进行交流学习，并参加"中国广东交通职业技术学院马来西亚分校"揭牌仪式。

图 4    中国广东交通职业技术学院马来西亚分校揭牌

中国广东交通职业技术学院马来西亚分校的揭牌和教师的交流学习，进一步加强该学院在国际交流、开展国际留学生教育、技能认证和师资共享等方面工作深度和广度，为学院国际合作项目再树标杆，为广东省乃至全国汽车类国际职教合作再立典范。

马来西亚 SLC 汽车工艺学院的交流学习还包括了现场授课、留学生招生宣传工作、研讨引进英国 C&G 汽车资格认证职业标准、开展东南亚地区汽车职业教育合作事项研讨等。

图 5    现场交流学习

图6　项目研讨

## 三、国际化师资，为人才培养保驾护航

为了能够更好地将项目落地，更好地推动双方师资队伍的建设，中马两校互聘国际教育专业教师，互聘互派教师开展交流学习、人才培养，共同推进汽车专业国际化教学、提升汽车类专业师资水平、建设国际化职业教育优质教学资源。

学院现聘请马来西亚 SLC 汽车工艺学院 Mr. Ooi Lye Oo 等为学校兼职教师，马来西亚 SLC 汽车工艺学院聘请学院郭海龙等 8 位老师为兼职教师。

图7　双方互聘兼职教师

## 四、传道授业，共育国际人才

2017 年 12 月，学院迎来马来西亚 SLC 汽车工艺学院首批 23 名留学生，开展为期 14 天的短期留学学习，学院教师以汽车新技术以及新能源汽车技术为主要内容实施授课。首批留学生班顺利开班，是落实"共建国际汽车人才培训中心、共享优质教育资源"协议计划开端项目的成果展现，实现了广东省高职汽车类专业接收留学生、分享优质教学资源的零突破。

图 8　留学生班授课

2017—2019 年，学院共开展来自马来西亚 SLC 学院三批留学生班共计 53 人的培养任务，通过双方院校的共同努力，两校在优质资源共享、人才培养分享、国际化师资培养等方面成果显著。

图 9　2018 班留学生班结业

五、拓展学习，体验民族文化

为了能够更好地开展留学生班工作，在学习期间安排留学生参观文化场馆、体验岭南文化，了解我国浓厚的民族文化、传统文化、校园文化。

图 10　参观粤剧艺术博物馆

图 11　参观岭南印象园

## 六、深入一线，感受企业文化

为了能够让留学生班学生能够更加深入地了解我国汽车行业、企业的发展现状，组织学生参观国内知名品牌企业。

图 12　参观民族品牌——吉利

图 13　企业文化体验

## 七、人才培养显成效

双方院校在留学生培养方面投入大量的师资力量，成果显著。其中，Choo You An（朱右安）同学作为学院与马来西亚 SLC 工艺学院留学项目的留学生，代表 SLC 汽车工艺学院参加 2021 年马来西亚世界技能青年赛，荣获冠军，同时获得参加于上海举行的第 46 届世界技能大赛资格。

图 14　Choo You An（朱右安）（左前二）获得参加上海第 46 届世界技能大赛资格

## 八、入选"中国—东盟高职院校特色合作项目"

中马 SLC 项目是学院为更好响应、服务国家"一带一路"倡议，构建"汽车职业教育国际联盟"和开展交流合作的重要"桥头堡"；积极响应国家关于推进构建中国与东盟命运共同体，深化我国与东盟成员国职业教育合作，推动《中国—东盟职教合作联盟贵阳共识》。通过双方共同努力，学院以示范典型的经验，申报并通过了"中马汽车国际人才联合培养基地项目"。该项目为广东省唯一入选项目，也是学院在国际职业教育合作领域的方面取得的重要成果。

图 15　项目授牌仪式

## 九、开启"云"模式，续写新篇章

自 2020 年以来，因为新冠疫情，汽车与工程机械学院和马来西亚 SLC 汽车工艺学院的国际交流与合作一度按下"暂停键"。为了克服疫情带来的影响、重启中马汽车职业教育国际合作项目，学院主动作为、迎难而上，不断探索疫情常态化背景下如何开展职业教育的国际合作，以期形成一种新模式，服务于兄弟院校。本着"先易后难，从小到大，从局部到全局"的原则，2022年8月，学院与马来西亚SLC汽车工艺学院共同组织了"中马汽车职业教育合作"线上直播"云"教学活动，探索了国际合作"云"模式。

线上直播"云"教学以新能源汽车为教学载体，采用了直播互动、直播同声翻译等新颖的直播教学模式，营造了相互学习、交流、探索和反思的良好环境氛围。在国际职业教育合作模式下共享学院的新能源汽车课程资源以及智能网联汽车相关教学标准等资源，提升了国际合作广度和深度。

图16　云课堂现场

## 十、主要特色和亮点

中马SLC项目作为学院国际职业教育合作的标杆项目，在广东省国际职业教育合作领域上起到引领示范作用，积极响应、服务国家"一带一路"倡议，为国际职业教育合作的探索与前进提供了经验。其主要特色如下：

## （一）强强联手

广东交通职业技术学院作为首批国家骨干高职院校、省一流院校连续四年荣获"全国高等职业院校服务贡献 50 强院校"称号，在交通类职业院校中起到示范引领作用。SLC 汽车工艺学院是马来西亚北部地区规模最大、学生最多的汽车工艺学院，连续 3 届获马来西亚技术发展局（JPK）颁发的五星级最佳工艺学院奖。双方强强联手，作为学院国际教育合作重点项目，中马 SLC 项目双方建立分校。

## （二）平台依托

学院作为国际职业教育合作的"桥头堡"，根据"走出去、引进来、办起来"的思路，以中马双方院校为基础，以汽车企业校企合作项目为依托，积极打造"国内院校—校企合作—国外院校"这样一个"三位一体"的平台模式，推动项目的可持续发展。

## （三）资源开发

在教师资源开发方面，作为国际职业教育合作建设的示范性项目，双方开展师资队伍建设，互聘兼职教师，开展跨国教学、人才培养。

在教学资源开发方面，双方根据教学需求，投入师资力量，以汽车新技术、新能源汽车技术、智能网联技术为主线，结合 SLC 汽车工艺学院现有的英国 West College Scotland 国立大学和 City & Guilds 行业协会技能证书，开发中英双语教学资源包，以达到培养国际化技能人才的目标。

## （四）教学模式创新

中马 SLC 项目，以小班制开展教学，一个班级以 15～20 人进行组班，设置专职班主任并以双方互聘教师团队为主体进行双语授课。

在完成课堂技术技能传授的同时，为了能够让学生更加深入地了解行业、企业的发展现状，带领学生到相关企业进行走访学习。

中马 SLC 项目留学生班构建科学全面、体现时代特色的国际化人才培养方案，打造了文化育人新体系。培训期间，将文化创新教育带入课堂，带领学生学习中国民族文化与传统文化。

突破时空界限，双方共同组织了中马汽车职业教育合作线上直播"云"教学活动，探索了国际合作"云"模式。

# 8. 以传统中医药文化传播项目打造广东特色人文交流品牌

广东食品药品职业学院

侯　松

**摘要：**在推动中医药文化"走出去"服务人类卫生健康共同体建设和"一带一路"建设的背景下，广东食品药品职业学院在理论研究层面，重点做好"一带一路"沿线国家和地区对传统中医药文化传播项目需求调研，明晰和确定了项目开发理念与目标、项目模式与功能、项目实施对象及资源匹配、项目实施路线设定、项目任务与措施、项目成果评价标准等顶层设计要素，形成了项目顶层设计方案和针对性解决方案。在社会实践层面，以学院在国家"双高计划"建设期特色中医药文化资源"走出去"的实践为应用载体，从"供给侧"入手，引入"多方共建"机制，积极调动国内及国（境）外各类主体参与，纵深推进平台建设，汇集、整合、提炼优质中医药文化教育教学资源，凝练"传统中医药文化传播项目"的广东特色；高质量推进人文交流项目，着力打造中国高职教育对外开放中的广东特色人文交流品牌。

**关键词：**传统中医药文化　传播项目　广东特色　人文交流品牌

## 一、学院概况

广东食品药品职业学院是经广东省人民政府批准、教育部备案的公办全日制普通高等职业院校，是国家优质专科高等职业院校、中国特色高水平高职学校和专业建设计划立项建设单位、第一批国家示范性职业教育集团培育单位、教育部第二批现代学徒制试点单位、广东省示范性高职院校、广东省一流高职院校立项建设单位、广东省五一劳动奖章获得单位、广东省绿色学院。

学院由广东省人民政府主办，隶属广东省教育厅。学院以专科层次教育为主，专业涵盖工、理、医、管、艺等门类，人才培养纳入广东省卫生和健康委员会、广东省药品监督管理局和广东省中医药局的人才管理范畴，同时承担了三个系统教育培训的具体组织实施工作，是培养药学、中药、食品、化妆品、医疗器械、医护卫生、健康管理等大健康产业高素质技术技能人才的摇篮。

## 二、学院国际及港澳台地区教育合作

学院长期致力于教育国际化发展，是广东省"一带一路"职业教育联盟的发起单位之一、21 世纪"海上丝绸之路"职业研究会单位会员、广东省高等教育学会中外合作办学研究分会常务理事单位。

学院有 4 个中外合作办学项目，合作办学项目数量在省内高职学校居于前列，均对接世界职业教育强国的一流院校。课程设置已得到美国、英国、澳大利亚、新西兰等国家和地区 20 余所高校的认可。毕业生可以直接转学分攻读学士、硕士课程。2021 年，引进英国国家学历学位评估认证中心（UK NARIC）的专业评估认证项目，开展健康管理专业国际化认证工作。近三年，学院与英国伯明翰城市大学、新西兰奥克兰大学、澳大利亚南澳大利亚大学、泰国西那瓦大学、澳大利亚绿星健康护理教育开发集团、新加坡南洋学院、韩国济州观光大学、马来西亚城市大学，以及我国台湾弘光大学等国（境）外知名高校和企业建立了合作关系。合作项目涵盖学历教育、课程引进、师生交流、联合科研、社会服务等方面，与学院保持长期、紧密型的合作关系国（境）外高校、企业超过 50 家。

学院重视对具有中国特色、国际比较优势的优质职业教育的对外"走出去"，系统设计服务"一带一路"沿线国家职业教育发展的路径和方法，开发了具有国际通用职业标准的"中医药文化传承与保健养生涉外培训包"，为中国高职院校在"一带一路"沿线国家开展服务和援助提供了有效的参考模式和范例。学院不断在探索和实践内地高职院校与港澳合作伙伴共同发展的模式与路径。2017 年 7 月，香港职业训练局和广东省职业技能鉴定指导中心正式认定学院成为广东省内高职院校内唯一一家粤港合作美容师"一试多证"定点考场，项目专业增加到 2 个，成为粤港澳大湾区内广东地区唯一能开展美容美发和食品安全粤港

"一试三证"项目考核鉴定的高职院校。2019年，学院粤港"一试多证"美容师项目面向台湾省考生开放，列入教育部2019年对台教育交流立项。2019年，学院师生于5月举行的第二届海峡两岸产业核心技能素养大赛广州赛区比赛中荣获特等奖，8月赴台湾地区参加海峡两岸产业核心技能素养大赛，获得冠军，学院还荣获两岸教育交流贡献奖。2021年，学院多次与东莞台商子弟学院互访交流，开展与东莞台商子弟学院的合作项目。当前，学院立足粤港澳，辐射台湾地区，正在打造粤港澳台四地认同的区域职业教育培训品牌。

三、案例背景

中医药是我国独特的卫生资源，是中华优秀文化资源的重要组成部分。近年来，习近平总书记对中医药工作作出了一系列重要指示，聚焦促进中医药"传承创新发展"这个时代课题，为新时代中医药传承创新发展明确了任务、指明了方向。随着构建人类卫生健康共同体和"一带一路"建设进入高质量发展阶段，中医药正在成为中国文化"走出去"的理想载体。中医药文化及其衍生的教育产品（项目）在海外良性发展空间正在快速形成。新冠疫情改变世界格局、影响人类发展进程。中国运用中医药治疗新型冠状病毒性肺炎疗效显著，其成效得到了国际社会的广泛认可，对提升中医药的全球认知和文化认同产生了重要影响，为中医药文化"走出去"创造了最佳的历史契机。

广东是中国中医药强省，南药及粤式中医药养生保健文化极具地方优势和特色。当前，广东正在推进新一轮中医药强省建设和粤港澳大湾区中医药高地建设。广东省教育发展"十四五"规划明确提出了"开展中国传统文化传播项目，打造一批具有国际影响力、彰显广东特色的人文交流品牌"的建设要求。广东食品药品职业学院作为省内唯一一所长期植根于高职中医药教育教学研究和人才培养的国家"双高计划"建设立项单位，在中医药文化传播项目建设方面进行了积极探索，积累了一定的经验和成果。在"十四五"期间着力培育形成以传统中医药文化传播项目为核心的广东特色职业教育人文交流品牌，是这所中国高水平高职学校在新时期服务国家和广东省经济社会发展必须肩负的历史使命和建设任务。此外，打造以传统中医药文化传播项目为核心的广东特色的人文交流品牌，还能有效辐射粤台教育交流合作平台建设，促进粤台两地在文化传承、人才培养、科学研究、社会服务等事业发展方面的交流与合作。这也是广东省教育发展"十四五"规划中有关"建设粤港澳大湾区国际教育示范区"的重要内容。

## 四、做法与特色

### （一）指导思想及研究实践内容

本项目以习近平新时代中国特色社会主义思想为指导，坚持中医药"守正创新"发展理念，从"供给侧"改革入手，积极开展了传统中医药文化传播项目在国外文化教育市场的"适配性"研究，有效发挥了传统中医药文化资源的"原创优势"，聚焦传统中医药文化中的广东地方特色，形成了以南药和粤式中医药养生保健文化传承与推广为内核的"广东特色"传统中医药文化传播项目，提出了具有针对性的传统中医药文化传播项目实施路径，进而发挥丰富及拓展广东特色人文交流内涵和领域的作用，将传统中医药文化传播项目培育成为广东特色人文交流品牌的重要组成部分，形成了"专业突出、特色鲜明、管理高效、质量过硬、效益显著"的项目特点，提升了广东特色职业教育人文交流品牌在国际和粤港澳大湾区的竞争力，配合实施广东中医药文化"出海"工程和广东中医药文化传播人才培养计划，打造了中医药文化走向世界的新支点。

### （二）项目特色

本项目紧紧围绕如何服务广东中医药强省建设和粤港澳大湾区中医药高地建设，在以传统中医药文化传播项目打造广东特色人文交流品牌的研究与实践上下功夫，主要表现为两个方面的特色：

#### 1. 坚持"守正创新"，凸显广东特色

坚持中医药"守正创新"发展理念，发挥大健康类高水平高职学校中医药教育教学资源优势，形成了以南药及粤式中医药养生保健文化传承与推广为内核的传统中医药文化传播项目，为广东特色人文交流项目在国（境）外传承推广探求科学的顶层设计与创新的传播路径。

### 2. "以点带面"，形成典型案例，共享发展成果

本项目以解决广东的实际问题为主要着眼点，同时力求问题的解决方案与实践成果具有典型性和一定程度的可推广性，即立足于解决广东特色人文交流项目的培育发展问题，又使得本项目的成果能为国内其他高职学校打造特色人文交流品牌项目提供参考和借鉴。

## 五、成果与创新

广东食品药品职业学院依托与尼泊尔特里布文大学孔子学院、柬埔寨皇家科学院孔子学院共建的中医药文化传播与技能推广中心作为建设基础，围绕"中医药文化传播与技能推广"开展学术交流合作，将中柬、中尼教授学术讲座项目打造成为跨国学术交流常态化的标志活动。仅在 2022 年前 9 个月，中、尼、柬三方高校举办了共同"生活中的中医药智慧""中医养生保健特色技术""广东特产中药植物辨识""走进中医阴阳""中国—南亚医药学合作""冬虫夏草鉴别及药效分析""热带地区常见病的预防"等专题系列讲座。尼泊尔、柬埔寨 2200 多名高校学生及企业员工以线上形式参加讲座。中国教育电视台记者在讲座现场采访了外方孔子学院院长及学生观众，听取了他们对中国文化、传统中医药文化与技术、"一带一路"倡议、汉语学习等方面的认识、评价和感悟。新华网、南方号等国内媒体也对项目活动进行了专题报道。

**广东食品药品职业学院**
中医药文化传播与技能推广中心
(NEPAL)

**广东食品药品职业学院**
中医药文化传播与技能推广中心
(CAMBODIA)

图1　学院在尼泊尔、柬埔寨成立"中医药文化传播与技能推广中心"

尼泊尔特里布文大学孔子学院院长雷格米教授是中国药科大学中药学专业培养的博士，是中尼文化交流的友好使者，曾得到习近平主席的接见和勉励。他在特里布文大学积极促成孔子学院的建立，并担任首任院长，这是该国成立的第二所孔子学院。在接受中国教育电视台记者采

图2　中国教育电视台采访外方孔子学院院长

访时，雷格米院长对广东食品药品职业学院举办的系列专题讲座给予高度评价。他认为：中国和尼泊尔作为友好邻邦，有着延续千年的友好交往史。中国对尼泊尔有着积极深刻的影响，尤其"一带一路"建设以来，两国将"全面合作伙伴关系"升级为"面向发展与繁荣的世代友好的战略合作伙伴关系"，经贸和文化的交流与合作日益紧密，中文已经正式成为尼泊尔中学的选修课。尼泊尔也有着深厚的传统医学、药学积淀，与中国中医药具有很强的互鉴性和互补性，要持续建设好与广东食品药品职业学院共建的"中医药文化传播与技能推广中心"，发挥双方优势与特色，不断促进双边双向交流与合作，不断拓展学术研究、教育教学和人文交流合作领域，为共同促进两国人民的福祉贡献力量。

柬埔寨皇家科学院孔子学院是柬埔寨唯一一所孔子学院，由习近平主席于2009年亲自揭牌，是中国在发展中国家公共外交的一个成功实践。该校孔子学院陈统崇（柬方）院长指出，中柬友谊源远流长，孔子学院自成立以来在推动中柬人文交流、推广汉语教育和增进两国人民友谊等方面发挥了巨大的作用。孔子学院与广东食品药品职业学院共建的中医药文化传播与技能推广中心，提供了优质的传统中医药文化科普资源，尤其在新冠疫情下，为柬埔寨学生深刻领悟中国传统文化内涵、促进汉语学习、提升养生保健意识提供了新渠道。

图3　项目活动海报

图4　项目活动现场

图5　院领导向外方孔子学院院长颁发客座教授聘书

尼泊尔、柬埔寨方面对本项目实施效果的积极认可成为项目可持续发展的基础保障，已经吸引到柬埔寨西港工商学院、柬埔寨澜湄大学等国外高校参加项目未来建设，调动"一带一路"沿线国家各类主体参与项目共建的示范引领效用已经开始显现。预计2022年下半年，本项目对"一带一路"沿线国家和地区的培训人数将超过800人。

## 六、经验与总结

2015年12月，习近平总书记在致中国中医科学院成立60周年贺信中指出，中医药是打开中华文明宝库的钥匙。当前，人类卫生健康命运共同体和"一带一路"建设已经进入高质量发展阶段，中医药正在成为中国文化"走出去"的理想载体，中医药文化及其衍生的教育产品（项目）在海外良性发展空间正在快速形成。广东食品药品职业学院作为中国特色高水平高职学校和专业建设计划立项建设单位，必须肩负起中国高水平高职学校在新时期服务国家和广东省经济社会发展的历史使命和建设任务。学院将进一步研究和实践有关培育传统中医药文化传播项目的创新理论和实践路径，从"供给侧"入手，积极调动国内及

"一带一路"沿线国家各类主体参与，纵深推进平台建设，围绕国家"双高计划"中药学专业群、广东省高水平中医养生保健专业群建设，汇集、整合和提炼优质中医药文化教育教学资源，凝练"传统中医药文化传播项目"的广东特色，高质量实施人文交流项目，发挥人文交流育人功能，丰富及拓展广东特色人文交流内涵和领域，将传统中医药文化传播项目培育成广东特色人文交流品牌的重要组成部分，实现高质量助力提升广东特色职业教育人文交流品牌在国际和粤港澳大湾区竞争力的发展目标。

# 9."技能＋文化"，合作培养知华友华民航专业技术技能人才

广州民航职业技术学院

李绍琳　戈　玲

**摘要：** 广州民航职业技术学院（以下简称"学院"）是民航局直属的高职院校，作为全国高职示范院校、广东省一流高职院校和"双高计划"建设单位，其民航职业教育特色办学优势吸引了斯里兰卡美国高等教育学院寻求合作。双方合作创办的"空中乘务"专业和"飞机机电维修"专业，由斯里兰卡学院在斯里兰卡及周边国家与地区招生，学生在斯里兰卡学院学习第一年的基础课程后，到该学院完成第二年的专业课程并在中国进行3～6个月的岗位实习，获取中国的大专文凭。学院将民航行业标准有机融入国际化专业人才培养的全过程，实施双语教学和实操训练，并加以个性化管理服务，获得了合作校方、留学生以及两国政府与行业的好评和称赞。学院作为广东省高职院校中首个开展外籍留学生学历教育的院校，为高职院校留学生教育提供了良好的示范作用，提升了中国民航职业教育的国际影响力，也为斯里兰卡培养了一批技术过硬、知华友华的民航专业技术技能人才。学院与斯里兰卡创造性、互通性的合作服务了"一带一路"空中走廊建设，推动了当地民航运输经济的发展，翻开了民心互通、文明互鉴的新篇章。

**关键词：** "技能＋文化"　培养　知华友华　民航　技能人才

## 一、融合发展 创新留学生"技能＋文化"培养模式

### （一）合作培养 模式创新

学院现有"空乘与旅游管理"和"飞机机电维修"两个民航类专业招收留学生，项目合作模式为"1＋1"。学院根据斯里兰卡民航业对"空中乘务"和"飞机机电维修"岗位的需求，制定两年制教学大纲，

将专业基础课中的基础理论课授权给斯里兰卡学院实施，高阶专业课和专业核心课则由广州民航职业技术学院负责完成。斯里兰卡学院负责招收斯里兰卡及周边国家学生，这些学生在斯里兰卡学院完成一年的基础课程后，来中国完成一年的专业课程以及3～6个月的实习实训，成绩合格者颁发中国大专文凭。

图1　留学生参加飞机维修技能大赛　　图2　留学生进行飞机维修技能实训

### （二）双语教学　打造品牌

学院根据留学生的现有专业水平，完善教学内容，丰富知识体系，根据留学生现有的知识和能力，设置具有专业水准的课程体系，并强化专业教师的英语交流与表达能力，开展双语教学。留学生在中国所上课程全部实行双语教学，即国际留学生与中国学生在同一课室学习，在同一实验室进行实训。双语教学促进中国师生英语水平的提升，特别是专业英语水平的提升，同时留学生也在专业课堂上弥补其专业汉语缺陷。这种混合教学模式加快了学院飞机机电维修专业和空中乘务专业国际化与本土化双向平衡发展，为学院建立具有国际影响力的品牌专业提供了实验田。

### （三）以人为本　规范管理

为了给留学生创造良好的学习和生活环境，学院外事办设有专人管理留学生事务，制定、实施了《广州民航职业技术学院外国留学生管理规定（暂行）》和《广州民航职业技术学院留学生管理手册（中英文版)》、《外国留学生突发事件应急预案》、"广州民航职业技术学院'一带一路'留学生专项奖学金"办法等，各项制度层层落实。针对新形势要求，至少每学年更新一次《留学生管理手册》，及时对留学生开展法律、法规及安全教育主题讲座，并发放相关学习资料。学院采取本地学生和留学生一对一帮教的办法，周密地安排好留学生的教学计划、教材、生活服务等各项工作，对留学生的人文关怀和同龄人的热心帮助，让留学生宾至如归，安心完成学业。

（四）文化育人 互学互鉴

学院连续两年举办"中斯文化交流日"活动。来自斯里兰卡的留学生和中国学生助理及踊跃报名参与活动的同学们一起学书法、剪窗花、包饺子，让中国传统文化走进斯里兰卡。文化交流活动让留学生们更好地体验了中国传统文化，进一步了解了中国，更好地融入中国学习和生活，促进了留学生与中国学生的沟通交流，使双方建立起了更加深厚的友谊。

图3　广州民航职业技术学院开展国际交流与合作成果

## 二、合作共建培养知华友华民航专业技术技能人才

学院积极推进与斯里兰卡在民航职业教育领域的合作与交流，创新国际化应用型人才培养模式，树立学院特色品牌专业和课程，在"一带

一路"共建国家培养一批知华友华的民航专业技术技能人才。

## （一）培养民航专业人才，服务"一带一路"空中走廊

近年来，中国与斯里兰卡之间的航空运输市场呈现高速增长之势态，两国民航业的快速发展急需一大批了解两国文化、通晓民航技术国际准则的专业技术人才。学院借中斯民航职业教育合作契机，加快国际化课程建设和国际化双师队伍建设，制定了特色鲜明的国际化人才培养方案，为斯里兰卡培养了一批了解中国文化、熟练掌握民航专业技术技能的人才。现在这些斯里兰卡的毕业生已相继成为斯里兰卡航空公司的技术骨干。

## （二）提升创新创业教育实践，助推共建国家（地区）经济发展

培养留学生的创业精神和创业能力，为留学生更好地实现就业提供多元选择。另外，培养创新创业人才有助于提升青年创业品质。近年来，斯里兰卡与中国的经济往来不断增加，培养留学生创新创业能力，能够在学校和当地市场需求之间架起一座桥梁，为两国经济实现创新驱动提供创业人才支撑。在斯里兰卡留学生中有一名"空中乘务与旅游管理"专业的学生在校学习期间积极参与校园的创新创业教育与活动。他看到中国经济发展的繁荣及人民物质和文化需求的增长，出境旅游越来越多，于是在老师和同学的帮助下进行市场调查，回国后创办了自己的旅行社，特别开发了面向中国游客的旅游观光线路。该旅行社成为港中旅的签约地接旅行社，旅游产品深受中国游客喜爱。

## （三）推进两国文化交流，翻开民心相通、文明互鉴新篇章

学院主动积极推进两国的人文交流，特别是两国青年学子之间的交流，让中国学生与斯里兰卡学生结伴交心。在学习过程中，学院给留学生们专门安排了汉语学习、中华历史文化讲座特别是古丝绸之路的历史文化介绍、参观风景名胜等项目，定期举办文化交流活动，为他们讲好中国故事，让留学生们了解中国的民风民俗，体会中国文化的博大精深

和中斯两国源远流长的友谊。部分留学生毕业之后还会在假期安排到中国广州探访中国的老师和同学，交流思想，畅谈人生梦想。

图4　学院开展中斯文化交流节：
书法交流

图5　学院开展中斯文化交流节：
剪纸艺术

图6　留学生们体验中华传统文化——包粽子

## 三、结语

学院斯里兰卡留学生教育项目为斯里兰卡培养了一批技术过硬、知华友华的民航技术技能人才。中国的民航业尚处于大发展的上升期，大飞机制造、无人机技术创新以及通用航空的加速发展给中国的民航业带来前所未有的发展机遇。民航教育领域的投入和需求日益增加，中国民航教育的潜力刚刚开始挖掘，服务国家战略大局，加强民航专业留学生教育是新时代民航职业教育发展的新要求。"一带一路"共建国家与地

区的经济、贸易、服务业发展与中国的联系将越来越紧密，学院将继续
以服务"空中走廊"、培养民航运输国际化人才为己任，加强与共建国
家和地区的民航教育合作交流，不断探索民航专业留学生人才培养模
式，提升中国民航职业教育的国际影响力，为共建国家的民航职业教育
提供中国方案和中国智慧。

图7　留学生与中国学生交流民航文化

# 10. 校企合作　打造东盟纺织服装人才摇篮

## 广东职业技术学院

### 朱巧儿　唐雁芝

**摘要：** 广东职业技术学院利用纺织服装专业优势，与跨国校企合作，产教融合，开办订单班，建立海外办学点，分享国际人才和教学标准，促进了中国与东盟的教育、文化和经济发展。

**关键词：** 纺织服装　订单班　校企合作　教学标准

广东职业技术学院立足特色专业，将自身优势专业资源与"一带一路"沿线国家对技术和人才的需求相结合，打造中国特色纺织服装职教品牌，为东盟国家培养纺织服装技术技能人才。

## 一、交流办学

学院与跨国企业共享资源，建立海外应用技术学院，分享东盟纺织服装储备干部和教学标准。

广东职业技术学院与特大实业有限公司和百宏责任有限公司等跨国企业保持着密切的校企合作关系，以"精专业"为基础，根据不同国家企业的人才培养需求，有针对性地"融文化，强技能"。

早在 2019 年，学院与百宏责任有限公司在越南建立了广东职业技术学院越南百宏纺织应用技术学院，通过开设海外订单班，先后向越南百宏责任有限公司派出海外管理人员、技术骨干 14 人，派出 13 位教师对越南百宏责任有限公司的纺织服装管理、技术人员进行培训百余人次；已设立了 3 门课程标准，培养了一批具有国际视野、通晓国际规则、熟悉中国技术、认知中国产品的海外本土化人才，传播了中国职业教育文化和中国优秀传统文化。

图1　在越南百宏责任有限公司挂牌成立广东职业技术学院越南百宏纺织应用技术学院

学院与特大实业有限公司开设学徒制订单班，以现代纺织技术、针织技术与针织服装、纺织品设计、纺织品检验与贸易、高分子技术为合作专业，校企双方共同组建由学业导师和产业导师组成的教学团队，共同编写订单班的教学方案和培训教材《织带技术》；将企业真实的产品设计、生产、技术创新要求以及企业文化素养等职业元素引入课堂，有针对性地实施精准训练，共同培养海外纺织产业紧缺的纺织高技能人才和海外公司储备干部，并进行了提花织带数字化织造技术的产品开发及应用的科研合作等一系列工作。订单班实行"双主体、双课堂、双教师、双考核"的教学模式，进行系统的人力资源以及管理技能培训，由企业技术骨干和学校派遣专职指导老师共同指导。

特大实业有限公司捐赠价值100多万元的全新设备，校企共同完成了产教融合实训基地建设，设立奖助学金、项目合作经费。校企共建产教融合实训基地，成立纺织产业学院和"广职院大学生校外实践基地"，为深化产教融合打下坚实的基础。2022年，该产业学院立项为广东省示范性产业学院。

图2　特大纺织订单班开班仪式

## 二、输出中国标准

学院与柬埔寨服装培训学院合作，培训当地的纺织服装从业人员，共享我院的纺织服装课程标准、专业标准等。

学院与柬埔寨服装培训学院、柬埔寨中国纺织协会、柬埔寨制衣协会建立了深厚的合作关系，四方共建柬埔寨纺织服装教育基地，基地设在柬埔寨服装培训学院。学院与柬埔寨服装培训学院通过互聘的方式共同开发课程、教学标准和专业标准等，对柬埔寨服装培训学院的老师和当地纺织服装从业人员进行培训，传播中国文化和中国职教理念。

图3　学院在柬埔寨服装培训学院设立柬埔寨纺织服装教育基地

图4　学院与柬埔寨服装学院、柬埔寨中国纺织协会和柬埔寨制衣协会签署合作协议

截至目前，学院共聘请 3 位境外纺织服装行业的专家为客座教授、派出 8 位教师为境外企业提供技术支持和咨询，为境外 100 余名员工进行了培训，为东盟国家的纺织、服装业提供了人才保障和技术支持，探索了一条东盟纺织服装人才培养之路，促进了中国与东盟的教育、文化和经济发展，规范了当地纺织服装的生产，厚植了中国企业文化与中国技术，为扩大企业和中国职业教育的国际话语权、增强国家软实力做出了贡献。

其他优秀案例

# 1. 立足品牌专业　创新高职教育境外办学模式

广州番禺职业技术学院

刘殿兰　尹治敏

**摘要：**"一带一路"倡议为我国高等职业教育现代化指明了方向，对高等职业院校国际化发展具有重要指导意义。广州番禺职业技术学院立足番禺区域产业经济，依托国家示范性高职院校重点建设专业珠宝首饰技术与管理、教育部"双高计划"重点建设专业群组成专业，在巴基斯坦、泰国建立海外分院，开展国际学生联合培养项目、海外职业技能培训项目，培养国际化珠宝人才；同时积极推进与沿线"一带一路"国家的职业教育交流与培训合作，推进"双边多维"协同育人项目，面向东南亚、非洲、南美洲等国家和地区合作院校及行业企业，开展海外职业技能培训，培养具备国际胜任力人才，多维推进高职教育国际化。

**关键词：**海外分院　国际学生　海外职业技能培训

## 一、实施背景

《国务院关于加快发展现代职业教育的决定》中强调职业院校要加强国际交流与合作，支持职业院校引进国（境）外优质教育资源，探索和规范到国（境）外办学。在新时代背景下，"开放"发展理念为高职院校走向国际舞台、提高自身国际竞争力指明了方向。教育部在《关于应对国际中文教育面临的挑战和风险的提案》的复函中提出，要发展"中文＋职业技能"教育，鼓励国内职业教育机构、中资企业参与国际中文教育，促进职业技能与国际中文教育"走出去"融合发展，推动各国经济发展和民心相通。根据国家相关文件精神，更加明确了在当今形势下，高职院校应积极地抓住机遇和迎接挑战，稳步开展国际化办学，"引进来"和"走出去"双向结合为高职院校开展国际化办学提供新思路。

## 二、具体做法与成果成效

### （一）以重点专业为依托，组建特色海外分院

广州番禺职业技术学院珠宝学院是全国职业教育先进单位，珠宝首饰技术与管理专业是国家示范性高职院校重点建设专业、教育部"双高计划"重点建设专业群组成专业，在全球珠宝首饰领域具有较高的知名度。广州番禺职业技术学院依托重点专业，携手巴基斯坦、泰国合作院校及行业企业，打造境外办学特色品牌，与国（境）外院校、行业组织合作办学，建立深度校企合作、产教融合的国际协作关系，积极推动组建海外分院，精准培养中外行企业所需人才。在巴基斯坦无限工程学院建立珠宝学院海外分院，在泰国甘乍那披塞皇家金匠学院建立珠宝学院海外分院，更好地推动了服务"一带一路"落地落实，提升教育国际化发展实力，扩大国际影响力。

图1　广州番禺职业技术学院校领导赴巴基斯坦揭牌海外分院

图2　广州番禺职业技术学院与泰国皇家金匠学院珠宝学院海外分院揭牌仪式

## （二）深耕"留学番职"品牌，培养学历国际学生

广州番禺职业技术学院加强高水平专业群和现有国际学生就读专业建设，重点建设具有职业特色和国际化特色课程，打造一批适应国际化发展的品牌课程与品牌专业。2019年，广州番禺职业技术学院招收和培养首届珠宝首饰技术与管理专业的学历国际学生。联合海外合作院校开拓创新"2＋1"培养模式，"中文＋职业技能"并举并重，开发国际标准体系，多措并举提高职业技术技能水平；多渠道、全方位提升双方的合作力度，扩大对行业企业的社会服务功能，构建育人体系，不断探索职业教育新路径。

图3 2019级国际学生传统文化实践课堂

（三）以海外分院为抓手，开展珠宝首饰专业技术技能培训

依托海外分院建设，广州番禺职业技术学院双向分享开展珠宝首饰专业技术技能培训。一是海外教师来广州番禺职业技术学院学习珠宝首饰职业技术技能知识。为推进国际学生联合培养项目，广州番禺职业技术学院开展珠宝首饰技术与管理专业师资培训，对来自泰国曼谷职教中心、泰国甘乍那披塞皇家金匠学院、邵瓦帕职业学院的教师进行珠宝专业技能培训。师资培训方式多样化、内容广泛，凸显广州番禺职业技术学院珠宝专业特色，为广州番禺职业技术学院与泰国院校联合培训学历国际学生储备了专业师资。二是广州番禺职业技术学院教师赴国（境）外开展职业技能培训，面向巴基斯坦海外分院对当地员工开展首饰CAD课程培训。

图 4　泰国曼谷职教中心教师在广州番禺职业技术学院珠宝学院实训室做实验

图 5　广州番禺职业技术学院教师赴巴基斯坦海外分院开展 CAD 职业技能培训

### （四）构建国际化课程体系，共建优质专业课程标准

依据国际学生的培养及海外职业技能培训的实践经验探索，广州番禺职业技术学院构建了具有番职特色的国际化课程体系，从合作院校引进并合作开发优质教学资源，将专业课程的本土化与国际化有机融合。一是将广州番禺职业技术学院珠宝首饰技术与管理专业群的专业标准、课程标准和实训室建设标准对外共享，展示职业教育的"中国形象"，推广职业教育的"中国方案"，打造中国职教品牌。泰国皇家金匠学院、巴基斯坦无限工程学院采用广州番禺职业技术学院珠宝首饰技术与管理专业教学标准，并引进珠宝玉石鉴定、钻石分级、宝玉石加工等十门课程。二是互派教师，广州番禺职业技术学院专业教师赴泰国学习泰国传统技艺，实现合作双方的教学资源互补。

尊敬的广州番禺职业技术学院领导、各位同仁：

我们非常赞赏与广州番禺职业技术学院举办中泰联合教育项目。2019级国际学生人才培养计划中，由广州番禺职业技术学院所开设的珠宝首饰与技术专业课程在国际职业教育珠宝专业领先，课程目标能够根据学生的能力培养和专业发展设定。并为学生提供了一个参观当地珠宝行业的机会，以增进其对工艺的了解。来自企业的老师与当地的珠宝制造商向学生分享他们的从业经验，并为学生学习提供宝贵的改进意见。课程内容可以显著提高学生的素质，满足学生在未来的职业生涯中对技能的要求。为此，我校在此郑重声明，引进广州番禺职业技术学院珠宝首饰技术与管理专业教学标准，采用以下十门课程，并承认课程学分。

我校承认引进广州番禺职业技术学院具体课程如下：

1.珠宝玉石鉴定
2.贵金属首饰材料
3.钻石分级
4.宝玉石加工
5.首饰生产质量检验与缺陷分析
6.首饰CAD
7.珠宝首饰营销
8.首饰编织工艺
9.珠宝首饰工艺开发与创新
10.创新创业基础

Mr.Pornanan Pukdeeboon
Director, Golden Jubilee Royal Goldsmith College
299/1 M.5, Salaya, Bhuthamonton, Nakornpathom 73170
Tel : 0815848313, Fax : 02-4313613, Email: P_anan_2508@hotmail.com

SCHOOL OF ENGINEERING

Adoption Announcement of Curriculum Standards

**Respected Leaders and staff members of Guangzhou Panyu Polytechnic,**

Infinity School of Engineering(ISE) is pioneer ISO 29990:2010 certified vocational training institute in Pakistan. The institute is providing technical training in a number of demand-driven courses to fulfill the gap of a technically skilled workforce at the national and international level.

As Guangzhou Panyu Polytechnic is a state of the art hi-tech institute, we highly appreciate the valuable training program related to the three majors **Jewelry Design and Craft, Jewelry Techniques and Management, Gemstone Identification and Processing**. This training program is not limited to designing of jewelry only, but it is a comprehensive course, covering the modules of Jewelry manufacturing techniques and processes. It provides information about old and modern manufacturing techniques of Jewelry, as well as the skills of gemstone identification. The standards of all the professional courses are relatively advanced in the field of international vocational education. Conforming to the laws of student training and professional growth, objectives of the given courses are setting proactively and meet the requirement of skills in future career.

The courses in the training program are now presented:
- Gemstone Identification
- Advanced Gemstone Identification
- Basic and Advanced Jewelry CAD
- Diamond Grading
- Jewelry Processing
- Quality Inspection and Defect Analysis of Jewelry Manufacture
- Precious Metal Materials for Jewelry
- Jewelry Marketing
- Jewelry Weaving Technology
- Photoshop

Mr. Abdur Razzaq Gauhar
Director, Infinity School of Engineering
13 Km Sheikhupura Road, Punjab, Lahore-Pakistan
Tel : +924237164081~82, Fax : +92 42 3716 4083

**图6　泰国皇家金匠学院、巴基斯坦无限工程学院专业及课程的相关证明文件**

图7　广州番禺职业技术学院教师在泰国皇家金匠学院学习泰国传统技艺

（五）依托海外金融培训中心，开展海外金融职业技能培训

2019年，广州番禺职业技术学院在老挝设立首个海外金融培训中心，携手老挝驻华总商会，开展金融专业职业技能培训。疫情期间，借助"互联网＋"云平台，打造具有番职特色培训品牌。广州番禺职业技术学院积极联络海外金融培训中心，通过课程录播、课程直播等形式对外开展金融职业技能培训。

图8　广州番禺职业技术学院在老挝开展的"粤港澳大湾区启示下的
中老财经发展新机遇"的线上培训

（六）对接"一带一路"沿线国家发展需求，创新海外人才培养模式

疫情期间，广州番禺职业技术学院积极探索"互联网＋"线上、线下结合的国际合作办学模式，全力保障项目实施。广州番禺职业技术学院教师受邀参与了中国国际电子商务中心的商务部国际合作与交流项目，借助"丝路电商云上大讲堂"平台开展面向非洲、南美洲等国家和地区的丝路电商云上大讲堂系列讲座，为受训学员在中国获得职业技能培训提供了平台，展示了广州番禺职业技术学院教师响应"走出去"战略、积极服务"一带一路"建设的风采。

# 中国国际电子商务中心

## 邀 请 函

尊敬的莫川川老师：

中国国际电子商务中心是商务部直属事业单位，是人力资源和社会保障部"国家专业技术人员继续教育基地"和商务部"电子商务培训基地"，是"国家电子商务专业技术人才知识更新工程"的实施机构，承担国家电子商务专业技术人员的培养和继续教育工作。

为切实落实中国与卢旺达电子商务合作谅解备忘录，深化中卢两国"丝路电商"合作，有效执行商务部 2020 年"国际合作与交流项目"，应卢旺达驻华大使馆、卢旺达发展局请求，商务部电子商务和信息化司拟联合卢旺达发展局及卢旺达驻华大使馆主办，中国国际电子商务中心承办"丝路电商"能力建设云上大讲堂-卢旺达专场系列讲座。

鉴于您在跨境电商领域的专业性和影响力，诚邀您 11 月 25 日莅临中心就《跨境电商：速卖通平台实战运营》做专题授课。

特此函达，出席为盼。

中国国际电子商务中心培训学院

2020 年 11 月 15 日

图 9　广州番禺职业技术学院莫川川老师受邀开展卢旺达职业技能培训

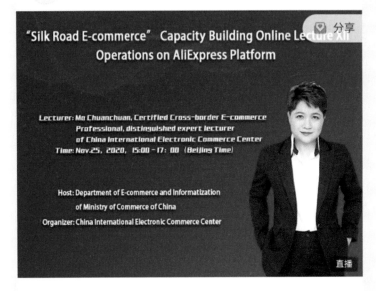

图10 "丝路电商"云上大讲堂：卢旺达专场

## 三、经验总结

广州番禺职业技术学院通过与"一带一路"沿线国家院校及行业企业探索实践双边多维的协同育人模式,培养出一批精通汉语、掌握职业技能技术的高素质国际化人才。广州番禺职业技术学院积极探索与实践"一带一路"沿线国家职业教育交流与合作,瞄准国际产能需求,实现教学资源互补、师生间互派互访、共同切磋交流技艺。广州番禺职业技术学院在现有合作基础上,将继续扩大合作领域,对标全球先进职业教育理念,制定国际认可的职业教育专业标准、课程标准,扩大中华民族传统技术工艺的国际影响力,形成以技术研发反哺人才培养的新范例,为建设中国特色职业教育体系贡献力量;推进广州番禺职业技术学院高职教育国际化进程,打造高职教育中国品牌,提升广州番禺职业技术学院国际影响力。

## 四、推广应用

广州番禺职业技术学院坚持走内涵式发展道路,主动服务国家"一带一路"建设,精准对接"一带一路"沿线国家和地区的社会与产业发展需要;充分利用珠宝、财经等优势专业教育资源,积极推进"一带一路"沿线国际学生培养,构建"汉语 + 文化 + 专业 + 产业"的职业教育走出去办学模式;深化与政府、企业、行业的合作,多方协同开展海外职业技能培训,助推专业、课程和资格标准与国际接轨,有效拓展教师国际化视野,提升国际化教学能力。为推广中国职业教育标准、讲好中国故事、推动职业教育国际服务水平发展、全面提升国际影响力做出积极贡献,发挥了良好的示范效应。

# 2. 五融一体，赋能"一带一路"
# 水利电力职教发展

广东水利电力职业技术学院
卢丽虹　李品丁　赖泽帆　黄敏楠

**摘要：** 着眼于对外开放战略和教育国际化的需求，广东水利电力职业技术学院成立广东水电—坦桑尼亚大禹学院和坦桑尼亚鲁班工坊等境外办学机构，推动理念、资源、技术、模式、文化"五融一体"的国际化办学模式，为国际水利电力行业开展学历教育与社会培训，赋能"一带一路"水利电力职教发展，为"一带一路"水电行业职业教育合作提供中国方案，实现了在世界职业教育大舞台上以中国职业教育的话语、标识、模式、标准为主导的国际化交流。

**关键词：** 国际化办学　"一带一路"　"中文＋职业技能"

## 一、实施背景

2012 年，经广东省教育厅批准，广东水利电力职业技术学院与澳大利亚霍姆斯格兰政府理工学院合作办学，联合培养建筑设计技术等三个专业双文凭专科学生。经广东省政府批准，学校与美国杰克逊学院于 2016 年联合设立广东省高职第一家非独立法人的中外合作办学机构——广东水利电力职业技术学院杰克逊国际学院，联合培养供用电技术等 4 个专业双文凭专科学生。在引进国外合作高校优质教育资源的基础上，学校立足水电行业特色，共享中国水电职业教育优质资源，在国（境）外建成坦桑尼亚大禹学院、坦桑尼亚鲁班工坊、老挝鲁班学院及职业教育培训中心等 9 个办学机构，聚焦水利电力职业技能培训和学历教育。

学校国际化办学具有广阔的发展前景。一方面，学院先后与澳大利亚、美国、坦桑尼亚等的多所高校建立了合作关系。学院开展了师资培训、学生交流、学分互认、科研合作等多层次的国际合作，为国际办学积累了丰富的教学资源和实践经验。另一方面，国家"一带一路"倡议的提出加强了中国与"一带一路"沿线国家职业教育合作，推动了水利电力行业企业走出去，为学校国际化办学提供了广阔的发展空间，输出了水利电力特色专业优质教育资源。

图1  杰克逊国际学院揭牌仪式

## 二、主要做法

### （一）理念融合

教育的本质是生命教育，其核心在于教育理念。多年的合作办学使学校能较好地融合中西方教育理念。学校发挥大湾区创新改革地缘优势，以及水电行业背景优势，吸收各国教育体制长处，坚持国家的教育方针，发扬中国传统家国人文情怀，融合世界先进办学经验，鼓励个性发展，形成了国际学院主导，外方院校参与，语言教学与专业教学双轨运行，以学生为中心开放合作、共享发展的办学理念。

## （二）模式融合

学校发挥水电职业教育优势，配合中国水电企业走出去。通过鲁班学院等形式，融合中国标准于"一带一路"沿线国家的实际需求，推动中国水电职教标准走出去。2020年，广东水利电力职业技术学院与坦桑尼亚阿鲁沙技术学院、创造太阳乌干达石油学院签署合作办学协议，共建广东水电—坦桑尼亚大禹学院和坦桑尼亚鲁班工坊。依托学校"双高建设"优势专业和优质教育教学资源，项目共开发10门水电专业核心课程，2021年成功招收了48名水电专业国际学生，为坦桑尼亚及东非地区培养精通水电技术、了解中国文化的专业人才，向中交集团、中铁国际集团、葛洲坝集团等驻非洲中国水电企业输送技术技能人才。

图2　学校与坦桑尼亚合作方签约仪式

## （三）资源融合

学校依托现有水利电力类课程资源，结合坦桑尼亚网络、院校、行业的需求，组建专家团队，对课程内容进行重构，语言转换、整合，建成融合电子教材、微课、动画等为一体的离线课程资源包，供教师和学生使用。国际化课程资源建设体现共建各方优势特色，满足实际需求和现实使用环境。逐步推动相应专业教学资源在当地实现标准化认证，形成品牌。学校开设水利工程CAD、水文水利计算与应用、水工建筑物、水电站与水泵站、水利工程施工技术、水轮机组运行与维护、水电站继电保护运行与调试7门专业课程，结合坦桑尼亚阿鲁沙技术学院提供的基础课、通识课及部分专业核心课共同组成课程体系。

　　学校培训坦桑尼亚阿鲁沙技术学院选派的专业核心课程教师队伍，培训内容包括教学内容、教学方法和技巧等，满足境外办学项目专业核心课程的教学任务。学校在教学过程中外派管理人员、专业汉语教师和专业课优秀教师指导现场教学以及协助管理境外办学项目的运营。同时协调当地中资企业工程师参与境外办学项目技术技能教学，与坦桑尼亚阿鲁沙技术学院联合开展教学活动，以市场需求为导向，服务中资企业走出去。

图3　学校在坦桑尼亚开展合作办学

（四）技术融合

　　学校积极推动教学资源的融合，服务国家"一带一路"倡议。2018年5月，学校与印度尼西亚润珠工程公司签署产学研合作协议，在水运工程建设领域建立全面的产学研合作关系，组织品牌专业师生赴其在印度尼西亚的施工项目部进行学习交流活动。2021年12月，学校应马来西亚翁姑奥玛理工学院邀请，开展"中文＋职业技能"援外培训。培训以"水文水资源与水利工程开发"为主题，通过"云课堂"形式，面向马来西亚翁姑奥玛理工学院75名水电专业学生开展。通过产学研合作，学校为"一带一路"沿线国家水电企业的长远发展、提高企业的自主创新能力提供支持。

图4　学校师生前往印度尼西亚交流学习

（五）文化融合

多年的合作办学促进了学校与外方院校的人文交流与互鉴交融。澳大利亚霍姆斯格兰政府理工学院每年派遣师生来校开展跨文化交流，项目受澳大利亚政府"Endeavour Foundation"资助。学校设计了以水电、建筑文化为主题的沉浸式活动，安排了具有专业特色的智能电网、水文化等课程，让学生感悟中国文化、领略中华传统之美。学校累计招收国际学生121人，培养了一大批知华、友华、亲华的水利电力技术技能人才。

图5　澳大利亚国际学生文化交流项目

学校打造国际交流合作平台，成立华南"一带一路"职业教育水利电力联盟。2020 年 11 月 19 日，华南"一带一路"职业教育水利电力联盟成立大会在青岛举行，联盟由广东水利电力职业技术学院牵头发起，广东省教育厅作为指导单位，来自国内外院校、行业企业及教育机构等 80 多家单位 200 多名专家代表出席会议。联盟致力于联结职业教育国际优质资源，制定水利电力国际标准，为世界提供中国水利电力职教方案，提升中国职业院校的办学成效和国际影响力。

图6　华南"一带一路"职业教育水利电力联盟揭牌仪式

### 三、成果成效

至 2022 年，学校共有 14 个专业开展合作办学，引进国（境）外专家 30 余人，引进境外优质课程 40 余门，中外合作办学累计培养 2000 余名学生；在境外设立鲁班工坊、大禹学院、实训中心和职业教育培训中心共 9 个，招收来华国际生 121 人；组织学生参加德国纽伦堡国际发明展等各类国际职业技能大赛，获奖 16 项。国际化办学在促进学校教育教学改革、推进国际化人才培养、提升师资队伍水平、促进管理机制改革、打造国际交流综合平台、发挥示范辐射作用等方面发挥重要的作用。

## 四、经验启示

学校"一带一路"职业教育合作在促进教育教学改革、推进国际化人才培养、提升师资队伍水平、促进管理机制改革、打造国际交流综合平台、发挥示范辐射作用等方面发挥重要的作用。推进"一带一路"职业教育共同繁荣，既是加强与沿线各国职业院校互利合作的需要，又是推进中国职业教育改革发展的需要。广东水电—坦桑尼亚大禹学院和坦桑尼亚鲁班工坊，不仅发挥着水电技术技能人才培养领域的学历教育与社会培训的作用，同时也实现了在世界职业教育大舞台上以中国职业教育的话语、标识、模式、标准为主导的国际化交流，成为国际教师与学生、行业企业的交流互动平台。

## 五、推广应用

广东水电—坦桑尼亚大禹学院和坦桑尼亚鲁班工坊，为非洲培养熟悉中国技术、了解中国工程的本土化水电技术技能人才，促进了非洲国家青年高质量就业和经济社会健康发展。大禹学院和鲁班工坊将朝着品牌化推动、标准化建设、规范化管理、精准化服务的目标开展建设，以期实现国际化产教融合、校企合作的人才共育目标，同时努力探索及培育基于大禹学院和鲁班工坊运行的正式机制和非正式机制，有效提升我国参与全球职业教育的能力。

# 3. 打造"走出去"平台 服务企业海外发展

广东工贸职业技术学院

刘 聪 黎明虹

**摘要：** 广东工贸职业技术学院围绕"一带一路"倡议，推进共建"一带一路"教育行动，通过与中国有色矿业集团有限公司在赞比亚共建中国—赞比亚职业技术学院广东工贸分院（以下简称"中赞职院"）、在印度尼西亚开办"中文＋职业技能"中文工坊，开展企业境外员工技术技能培训、招收留学生等，精准对接企业的海外人才需求和当地社会经济发展需要，探索与中国企业和产品"走出去"配套的职业教育发展模式，为中国职教"走出去"提供智力支持，对国内院校国际化发展起到引领示范作用，赋能"一带一路"倡议与国际产能合作，贡献中国方案和中国智慧。

**关键词：** "走出去" 企业海外发展 国际影响力

## 一、案例背景

习近平主席于 2013 年提出"一带一路"倡议。2015 年，国务院发布《关于推进国际产能和装备制造合作的指导意见》，对行业企业响应"一带一路"倡议提出了具体要求。2020 年教育部等八部门印发《关于加快和扩大新时代教育对外开放的意见》，鼓励有条件的职业院校与企业携手参与国际产能合作，推动职业院校配合企业"走出去"，协同办学，共同发展。截至 2021 年 9 月，中国职业院校已建成国（境）外办学点 200 多个。当前国际产业格局正在经历大调整，国际社会比以往任何时候联系都更紧密。职业院校应积极顺应时代变化，主动调整工作策略，响应国家对外开放要求，服务"一带一路"倡议，积极参与全球教育治理，支撑中国企业海外长远发展。

职业教育"走出去"是"一带一路"倡议和区域合作的要求。"一带一路"建设和国际区域合作中，企业因语言不通和沟通不足等原因与海外当地社区融合程度不够高，导致海外当地人对企业发展认同感不足。职业教育可充分发挥润物无声、贴近民生的作用，利用我国职业教育标准、理念和师资等优质教育资源，探索职业教育协同企业"走出去"，赢得企业所在社区和当地居民的广泛认同，有效促进中资企业在海外的长远发展，推动高质量共建"一带一路"，为区域合作和互联互通注入动力。

职业教育"走出去"是我国"走出去"企业的迫切需求。随着"走出去"企业的国际业务不断拓展，服务"一带一路"建设人才不足的问题越来越突出。企业不仅缺少懂外语又熟悉当地法律和文化的项目管理人才，也缺少能对当地员工进行培训和指导的技术技能人才，迫切需要与职业院校合作化解海外用工难题。行业企业"走出去"迫切需要职业教育协同发展，助力提升企业海外本土员工的技术技能水平，改善我国劳务"走出去"的结构。

为培养适应"一带一路"建设需求的技术技能人才，促进"一带一路"沿线国家民心相通，作为人才培养的主体和中外人文交流的重要参与者，高职院校应发挥职业教育在"一带一路"建设中的基础作用，主动服务企业"走出去"，进一步推进职业教育对外开放。

## 二、做法与特色

学校围绕"一带一路"倡议，推进共建"一带一路"教育行动，2017年与中国有色矿业集团（世界500强）签订校企深度合作协议。2019年成为教育部职业教育"走出去"试点院校之一，精准对接"走出去"企业的海外人才需求和当地社会经济发展需求，积极参与教育部职业教育"走出去"试点工作，在赞比亚开设导游专业，研创导游专业国际教学标准和课程体系。2021年申办印度尼西亚中文工坊，举办多期线上线下技术技能培训，实现了专业标准、人才、技术以及工业汉语教材等"走出去"。

### （一）强化体制机制建设

学校高度注重职业教育"走出去"工作，成立对外交流合作处，组建职业教育"走出去"领导小组和工作小组，成立中国—赞比亚职业技术学院广东工贸分院建设工作专班；厘清学校内部各部门职责，形成多部门联动的协调沟通机制，保障境外办学建设顺利推进；将职业教育"走出去"纳入学校"十四五"规划和"双高院校建设"重点项目，整体布局，统筹规划。加强境外办学制度建设，制定《涉外交流合作管理办法》等10个相关制度，制定《教师赴中国—赞比亚职业技术学院工贸分院待遇规定》等激励措施，推动职业教育"走出去"各项工作。

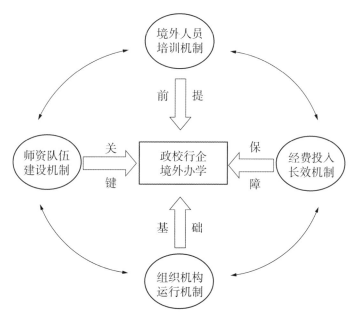

图1　中赞职院广东工贸分院"政校行企"境外办学运行机制

## （二）深化校企合作

学校与企业深入开展校企合作，共同推进职业教育"走出去"。学校主要负责职业教育"走出去"的内涵建设。中国有色矿业集团及其下属境外企业，主要负责境外基础建设等。双方合作开展职业教育"走出去"，实现办学成效最大化。2019年合作开办中国—赞比亚职业技术学院广东工贸分院，向赞比亚社会民众提供国际导游专业学历教育；同时开展来华留学生招生和培养，招收企业推荐的优秀员工子女等来校就读机械制造及自动化专业，培养企业在赞比亚长远发展的储备人才资源。2019—2021 年，针对企业发展中存在的人力资源问题，依托测绘地理信息技术、模具设计与制造等优势专业群，通过选派教师赴赞比亚和邀请企业优秀员工来华培训等，开展测绘工程项目管理、电机维修、浓密机操作工、钳工、计算机应用、仓库管理等 10 多个工种和类别的技能培训。

## （三）"中文＋职业技能" 双融合

学校积极开展"中文＋职业技能"教育，推动国际中文教育与职业教育"走出去"融合发展，讲好中国故事。2021 年，组织专业团队编写《导游汉语》等汉语教材，开发配套教学资源；选派教师参加由国家开放大学和有色金属工业人才中心共同开办的职业院校"一带一路"汉语国际教育师资专班并考取国际中文教师证书，培养具有"专业知识＋教学能力＋文化素养"三位一体的优秀汉语师资。2019 年以来，在中国—赞比亚职业技术学院广东工贸分院积累了丰富的境外办学经验。2021 年，在中国驻棉兰总领事馆的支持下，与教育部中外语言交流合作中心和中色（印度尼西亚）达瑞矿业有限公司（中国有色矿业集团有限公司境外控股企业）三方成功申办中文工坊，按照中国职业教育标准，结合海外合作机构的企业人才需求和当地社会经济发展需求，实施"中文＋职业技能"教育，开展国际中文教育、HSK 考试、教学资源研发、企业定制培训和人文交流。

**图2　何汉武校长与赞比亚有色矿业企业员工交流**

图3　有色矿业印度尼西亚员工来校培训体验中国书法文化

## （四）"线上＋线下"双渠道

通过线上、线下结合的形式，开展技术技能培训和文化交流。受新冠疫情影响，选派教师直接赴赞比亚和印度尼西亚开展企业员工培训和学生培养的计划受阻。2021年，学校采用线上形式，创新教学授课方式，"主讲＋翻译"紧密合作，实施中国有色矿业集团海外本土员工技术技能培训。同年，采用线上形式招收和培养企业推荐的优秀员工子女参与境外留学，学习"中文＋机械制造及自动化技术"；创新来华留学生培养渠道，组建国际交流经验丰富、教学能力出众的教学团队，组织"强健体魄＋文化体验"系列主题活动，培养懂中文、熟悉中国文化、通晓专业技术技能的高素质复合型人才。2021年，学校还成功申报教育部"汉语桥""中文＋工业机器人技术"线上体验团组项目，针对企业驻印度尼西亚、泰国和老挝等国家机械装备制造行业工业机器人技能从业人员开展技术技能培训，培养高素质复合型人才。

# 中外语言交流合作中心函件

语言中心财通〔2021〕1837号

### 2021年"汉语桥"线上团组交流项目
### 立项及拨款通知

广东工贸职业技术学院：

经研究，同意资助你校申报的"汉语桥"中文+工业机器人技术体验团组。你校所报预算127750元，经审核，宣传版面费减10000，批准117750元。请按项目方案如期完成。

现拨付70%首款，共计82425元。待项目结束后，将根据决算拨付尾款。请专款专用，确保经费使用效益。我中心将适时对

图4  学校立项教育部"汉语桥"线上团组

中华人民共和国驻棉兰总领事馆
Consulate General of the People's Republic of China in Medan

### 关于支持中色（印尼）达瑞矿业有限公司
### 成立独立孔子课堂事

孔子学院总部/国家汉办：

为更好地促进海外企业与当地社区文化交流和共同发展，探索汉语言文化与职业教育同步发展模式、建立工业汉语教学资源，提升海外企业员工职业素养，促进中印尼友好关系发展，我馆支持中色（印尼）达瑞矿业有限公司与广东工贸职业技术学院合作，在印度尼西亚成立独立孔子学院课

图5  中国驻印度尼西亚棉兰总领事馆支持函

## 三、成果与创新

### （一）发挥职业教育"走出去"示范引领作用

中赞职院是我国首个在海外开展学历教育的高职院校，是教育部职业教育"走出去"试点的主要成果，为我国校企协同"走出去"提供了新样板。学校深化校企合作，充分发挥职业教育润物无声、贴近民生的作用，探索与中国企业和产品"走出去"相配套的职业教育发展模式，为高职国际化人才培养提供智力支持，对国内相关院校国际化发展起到引领示范作用，赋能"一带一路"倡议与国际产能合作，贡献中国方案和中国智慧。

### （二）增强职业教育"走出去"影响力

2021年，中赞职院建设案例被纳入教育部编制的《习近平新时代中国特色社会主义思想学生读本》。同年，学校参加中国国际服务贸易会交易专题展，向世界展示广东工贸职教"走出去"办学成果。该项工作受到印度尼西亚 *MEDAN BISNIS* 日报网站、哈萨克斯坦《丝路新观察》《中国职业技术教育》等18家国内外主流媒体的关注和报道，增强了"一带一路"沿线国家民众对中国职业教育、中国企业和中国的认同感。

### （三）提升职业教育内涵建设水平

学校依托海外办学项目，开展国际专业标准和教学标准研制、工业汉语教材编写、境外人员技术技能培训等，以国际化建设带动学校教科研全方位发展，以更积极的姿态投身于国际化浪潮，不断强化内涵建设，提升学校高素质技术技能人才培养的能力，形成具有中国特色的高职教育国际化办学模式，切实办好"当地离不开、业内都认同、国际可交流"的高水平职业教育。

# 4. 共建"鲁班工坊"，中马联合
# 培养华侨技术工匠

广东机电职业技术学院

李　姿　宋　欧

**摘要：** 为促进优质职业教育"走出去"，配合国际产能合作与服务工作，广东机电职业技术学院与马来西亚华文学校合作为马来西亚华人华侨子弟提供先进技术技能培训。三年来，陆续开展"模具制造技术""跨境电商技能"等集"技术技能培养＋中华文化传播＋职业体验"于一体的线上培训项目，培养熟悉中国技术、了解中国工艺、认知中国产品的当地技术技能人才，为合作国青年提供高水平就业服务，打造"中马华侨技术工匠联合培养"的职业教育国际合作知名品牌。

**关键词：** 职业教育"走出去"　华人华侨子弟　技术工匠　国际培训

## 一、项目背景

为主动服务国家外交大局和各国经济与社会发展，广东机电职业技术学院与东盟成员国开展特色职教合作项目、促进优质职业教育走出去，配合国际产能合作与服务工作，结合贯彻落实教育部《关于推进共建"一带一路"教育行动》等文件精神，学院加大对东盟国家职业教育现状和技能人才需求的调研力度，促进当地华人华侨子弟对中国文化的认同感和归属感。

在此背景下，学院积极与东盟国家的院校和工业园区紧密沟通，逐步确定以马来西亚为切入点建立海外职业教育中心的职业教育"走出去"发展规划，并实施职业培训、文化交流等活动。随着项目的实施，学院与马来西亚创世纪工业技术学院达成共建"鲁班工坊"合作意向，围绕华侨技术工匠培养持续开展技能培训和人文交流活动，培养东盟国家特别是马来西亚经济社会发展急需的高素质技术技能人才，促进中国职业教育"走出去"，增进马来西亚华人华侨的中国文化认同感。

## 二、做法与特色

### （一）项目做法

#### 1. 共研专业教学标准

遴选当地产业需要的先进制造业、现代服务业等重点领域的专业，共同梳理职业岗位核心技术技能，确立人才培养目标，共建真实任务驱动的专业课程体系，初步形成了与当地企业岗位需求相匹配、符合国际化技术技能人才培养需求的专业教学标准。

#### 2. 共筑工匠培养基地

根据国际化技术技能人才培养要求，与当地企业共同建设工程实践基地和评价体系。

#### 3. 共培优秀工匠之师

打造"双语、双师、双能"教学团队，对师资进行系统化、进阶式的培训，使他们掌握职教新理念、教学新模式、技术新应用和双语教学技能，具备实际操作能力，了解中国优秀文化。

#### 4. 共用优质教学资源

利用双方现有的教学资源，进行本土化改造，开发出适合当地技术技能人才培养所需的教材、课件等资源，同时与北京奥鹏远程教育中心合作，丰富线上教学资源，赋能教学模式改革。

#### 5. 共育技术技能人才

共同培养促进当地产业发展的技术技能人才，助力中国"走出去"企业，为国际产能合作提供优质人力资源支持。

#### 6. 共享中华文明成果

结合岭南文化，加强华人华侨子弟对中国文化的认同。

### （二）项目特色

本项目的实施集"技术技能培养 + 中华文化传播 + 职业体验"于一体，开展职业教育培训项目分享式"走出去"。

（1）发挥国内职业教育特长、结合当地产业需要的先进制造业、现代服务业等重点领域的行业，精心设计符合马来西亚华侨学子兴趣的职业体验项目课程，引导华人华侨子弟科学认识、合理选择职业发展方向。

（2）结合求真务实的岭南文化，加强华人华侨子弟中国文化认同。传播"刻苦钻研、精益求精、追求卓越、敢于创新"的中国传统工匠精神。

（3）合作项目是中马国际交流合作的重要窗口。培养具有国际视野的学生是培训的共同目标，通过这个窗口，使华人华侨子弟对中国的先进制造业、传统文化、教育教学等各方面有深入的了解，同时加强中马交流合作友谊。培养具有国际视野的学生既可为"走出去"企业提供相同文化背景的技术技能人才，也有利于凝聚当地华人华侨的力量，有利于人类命运共同体的构建。

## 三、成果与创新

### （一）项目成果

#### 1. 国际化专业教学标准的建设得到认可

图1　马来西亚院校采用中马共研的专业教学标准

双方共同开发了数控技术等4个专业的教学标准和课程标准，同时进行本土化改造用于当地的技术技能人才培养。专业教学标准还被柬埔寨暹粒东南亚大学等东盟院校和培训机构采纳。

### 2. 工匠培养基地建设取得突破

应东盟工业园区的建设与运营方的邀请，学校多次组织技术骨干与园区的制造业、服务业等相关企业进行磋商，编制基地建设方案和工程训练设备清单，为建立起技术技能实践教学基地打下基础。

图2　骨干教师赴泰国罗勇工业园区调研技能人才需求

### 3. 国际化师资改造获得新成果

学校依托来华留学生的教育平台，推广双语教学改革，24位骨干教师获得国（境）外教学资质；15名专任教师在国（境）外组织担任"职业技能培训师"；同时对马来西亚创世纪工业技术学院教师开展了1300多人日的培训，帮助他们掌握相关技术技能，熟悉中华文化。

▲ 创世纪师生团与广东机电郑伟光校长及学院院长等领导合照

▲ 龙应台老师代表创世纪培训中心赠送纪念品给广东机电校长

## 与中国广东机电职业技术学院短期培训

新纪元技职与教育推广学院的安排下，创世纪技职培训中心的学生有幸参与在中国广东机电职业技术学院进行为期两周的短期培训。中心共有十九位学生及一名老师带队远赴广州市参与此项培训。此培训举办于广东机电北校校区的先进制造技术学院。学生借此机会认识，了解和接触中国制造业的技术与科技发展，以及了解中国对制造业的前景与趋势下所作出的努力与展望。

在开班典礼上，广东机电职业技术学院郑伟光校长向马来西亚学员们表示热烈的欢迎，并介绍了广州市主要市情和办学基本情况、对外交流合作特别是与东南亚合作交流情况等，指出本次培训班的开班，是双方办学合作的良好开端，期待与新纪元技职与教育推广学院的合作能够为中马两国深厚的友谊再添硕果，共同服务好"一带一路"建设。他期望学员们：一是尽快熟悉环境、适应生活，二是努力学习汉语和先进制造技术、体验中国文化，三是努力成为中马两国文化和"一带一路"交流合作的友好使者。郑伟光校长也对所有参与本次培训的领导、工作人员以及学员表示感谢，并寄语学员们把这次培训作为两国交流的起点，希望在他们在日后的学习、工作中能够继续加强同中国的交流与合作，为两国的友谊贡献自己的力量。

在这次的培训上，先进制造技术学院特别安排了制造科技相关的课程给予我方学生，当中包括数字化虚拟工厂技术，虚拟实境，工业仿真技术，3D打印技术，高精度测量技术和五轴编程与操作等技术。相关课程都对学生的专业息息相关，有助于学生以后在工作上的辅助与规划。除了正规的课程外，广东机电也特别安排了以传承中华文化为宗旨，举办了几场中马学生交流会，相关主题包括茶艺，华夏服装，中医与书法。先进学院非常着重于学生的创新思维，从而成立了"创新班"。双方师生也在创新技术培养的主题下举办了一场座谈会，借此激励学生开拓创新思维。

在工业4.0的浪潮下，各行企业制造业都急于创新与改变。为迎合这大趋势，科技的发展扮演了极其重要的角色，而未来的工业就需要能驾驭科技的人才。我方将极力的配合与期待广东机电校长所提出的"师生交流"、"专业共建"、"学术交流"等倡议，以共同为马来西亚甚至东南亚培养专业技能型人才，满足地方经济与工业需求。

▲ 学生参观模具智能制造应用示范基地

▲ 创世纪技职培训中心首次参与了谷中城教育展

▲ 2018年第三届毕业生与董事会成员及刘志良州行政议员合影，前排左四起彭刚浚、刘志良、陈保成及李泉凉。

▲ 领取各项奖励的学生和颁奖人及郭子毅州行政议员（后排右三）合影。

▲ 陈伟松（前排左一）在Solidworks比赛中，成功从18间大专146名参赛者中脱颖而出，获得第四名。

▲ 龙应台导师代表中心到马六甲公教中学向学生介绍技职教育。

图3 先进制造技能培训受外方肯定

**4. 优质教学资源释放强大动能**

在疫情期间，合作双方积极开发线上教学资源。在不能出境互访的情况下，通过线上形式，继续开展卓有成效的国际交流。

**5. 技术技能人才培养开局起步**

中马双方依托鲁班工坊建设，2020—2022 年，先后开展模具制造技术培训、跨境电商技能培训、数控技术培训、短视频拍摄与制作培训、中国书法临摹与创作培训等多个职业培训项目，150 余名华人华侨学生参与学习体验。并以数控技术、电气自动化、工业机器人技术、现代移动通信技术等专业招收马来西亚华人华侨子弟开展学制教育，扎实推进中马华侨技术工匠联合培养行动。

图 4　鲁班工坊模具制造技术培训

图 5　鲁班工坊跨境电商培训

广东机电职业技术学院助力"中国—东盟教育交流周"赋能马来西亚华人华侨子弟职业教育。

图6　中马华侨技术工匠联合培养

2022年组织"广东机电职业技术学院—槟城锺灵独立中学职业技能体验式国际培训"。

### 6. 中马文化交流日益频繁密切

双方开展了各种文化交流互动，如举办"中马学生故事会"，让华人华侨子弟感受书法、汉服和中医等优秀中华传统文化；还推出了潮汕工夫茶艺讲座和舞龙醒狮、南拳等交流活动。前期参与培训的学员均为华人华侨子弟，借助中马文化交流这一平台，将大家的情感凝聚在一起，让华人华侨子弟获得"根"的归属感。

项目以重点专业国际化建设为抓手，线上、线下互访互通，重点对接马来西亚、泰国等东南亚国家职业技能需求，尤其是在华侨子弟群体中开展的先进制造业职业教育培训项目分享，引起强烈反响，效果非常显著。2021年，项目成功入选中国教育国际交流协会举办的第四届"中国—东盟双百职校强强合作旗舰计划"，在2022 Education Plus第六届职业教育大会上获优秀案例和国际合作与交流典型院校荣誉，以及入选2022中外青少年人文交流成果蓝皮书。

图7　中马学子共同体验中华传统文化活动

图 8　项目获得行业认可

（二）创新经验

项目的开展，是为了响应国家"一带一路"倡议，结合办学实际，以提高国际化办学水平为目标，推进与"一带一路"沿线国家的教育合作，以助力于国际产能合作。项目遵循平等合作、优质优先、强能重技、产教融合、因地制宜的基本原则进行建设。首先，基于合作方对中国特色国际视野的教学模式、专业教学框架标准、优质技术装备和教学资源的认同开展合作。其次，优先选择学院具有优质课程、优秀教师、优选资源的优势专业开展合作。最后，工坊专注于技术技能、技术应用、技能培训、工程实践。同时，充分发挥当地行业企业重要作用，促进人才培养和产业需求结合；结合当地实际，考虑合作方诉求，因地制宜提供高质量教学和培训服务，传播中华优秀文化，增强华人华侨子弟的中国文化认同。

## 四、经验与总结

### （一）建设标准化、规范化发展模式

鲁班工坊的建设遵循专业标准、教师培训、基地建设、教学资源"到位"要求，确保建设标准化与规范化。

#### 1. 专业强

鲁班工坊的国际影响力与外部效应的产生均来自卓越的办学质量，质量优先原则是项目建设的核心原则，合作专业均是中方合作院校的优势主干专业，这些专业均在标准设计上对标行业的国际前沿技术标准，在教学组织实施上对标先进的教育理念与教学模式，因此项目团队合作开发的培养方案、专业标准得到合作国家的广泛认同。

#### 2. 师资优

师资培训先行，培训包括两个部分：外方教师在中国接受全面的专业培训，中国教师在合作学校进行相应的专业培训。中方专业教师团队根据合作专业需求、对方专业教师基础，制订培养培训方案，采用国内外多次轮训的方式逐步完成对外方教师从教学理念、教学模式、专业理论到实践能力的完整培训，取得非常好的效果。

#### 3. 资源足

开发完成立体化与系列化的教学资源，既有专业课程标准，也有相应的中外文教材，以及课件、视频等信息化教学资源。同时，为了实现与合作方之间专业教学的同步同质，中方教师还开发了大量的信息化教

学资源，这些资源通过借助空中课堂等信息手段，有效地实现了海外课程与国内课程相互联结，有力地保障和提升了工坊的教学质量。

## （二）深入推进国际产教融合校企合作

推进国际产教融合，为国际产能合作服务是工坊创立的重要任务。目前项目在广东省贸促会等帮助下，与粤港澳大湾区以及"澜湄五国"等一批企业建立了合作关系，在人才培养及协同发展等方面开展了广泛合作。

## （三）构建立体化、多元化人文交流形式

依托工坊开展多元化、立体化的人文交流，不仅提高了当地及周边国家青年人的就业技能，也增加了中国对该地区经济发展的贡献度，提升了中国在该地区的影响力，促进了双方的民心相通、相互理解，无论是在中外学生交流还是教师交流方面都取得了显著的成效。在互访过程中，双方都开展了丰富多彩的人文交流活动，比如参观、考察、体验学校，参观企业，参与文化、体育和艺术等展演交流等，有效地增进了中马两国之间友好关系。

## （四）获得国际合作伙伴的认可和友谊

鲁班工坊的建立，标志着中马双方初步搭建了一座共享职业教育人才培养与培训成熟经验的"跨国桥梁"，基于这一平台开展的职教国际交流活动在华人华侨子弟中引起强烈反响。特别是在疫情期间，坚持开展线上的交流合作，更是得到对方的高度认可。正如马来西亚创世纪工业技术学院董事会主席彭刚浚所说："疫情只是影响了签约形式，丝毫未影响两校情谊和合作意愿，反而让两校关系更为密切。"在鲁班工坊这个平台上，我们把中国先进制造技术的培训理念和成熟经验引进马来西亚，惠及当地的企业及青少年，更好地促进区域经济发展。双方也将通过鲁班工坊，传播"刻苦钻研、精益求精、追求卓越、敢于创新"的中国传统的工匠精神。

# 5.　"墨子学苑"，海外开花

## 顺德职业技术学院

肖文平　余华明　傅银燕　何钦波　郭永生　苏适仪　老咏仪

**摘要：**顺德职业技术学院积极响应"一带一路"倡议，以制冷工程等优势专业为动力，校企融合为主要手段，创新了校企合作、海外办学的国际化发展机制，承接了各式各样的国际合作项目，为中国职教品牌在"一带一路"建设中做出了贡献。

**关键词：**"一带一路"　制冷工程　海外分享　鲁班工坊

## 一、案例背景

老挝是东南亚国家，工业基础薄弱。气候上，老挝属热带、亚热带季风气候，受高温天气影响，老挝空调刚性需求高。受限于落后的经济发展水平和电力基础设施，老挝空调普及率很低。近年来，老挝电力设施得到了发展，中产阶级人数持续增长。受此因素的推动，老挝的空调需求有望持续增长。然而，目前老挝制冷与空调技术人才缺乏，空调产业的崛起，将带来制冷与空调技术与施工员工的巨大需求。近年，中国空调品牌在老挝市场上持续发力，市场份额和销售规模迅速扩大。在空调行业迅速发展的背景下，老挝政府积极响应"一带一路"倡议，鼓励引入中国空调技术，培养制冷与空调专业人才。顺德职业技术学院制冷与空调技术专业为国家级重点专业，师资力量雄厚，教学团队具有丰富的援外人才培养经验。自2015年起，顺德职院依托美的全球培训中心，为美的集团培养来自泰国、埃及等30多个"一带一路"沿线国家的外籍员工300多人。

2021年12月，顺德职业技术学院与老挝MS制冷培训中心签署了合作协议，合作在老挝琅南塔省建立顺德职业技术学院海外"墨子学苑"（鲁班工坊），引进顺德职院优质的制冷与空调技术教学并开展海外官方认证，共同培养老挝本土制冷与空调检测与施工技术人员，该项目获得了老挝琅南塔省教育厅的支持。

## 二、合作方介绍

老挝 MS 制冷培训中心由老挝琅南塔省教育和体育厅授权，成立于 2018 年 8 月 17 日。培训中心坐落于琅南塔省琅南塔市，MS 制冷培训中心共计有 7 名技术员工和 2 名助理。MS 制冷培训中心占地面积 1500 平方米，拥有学习和实操室 2 个，成套设备 10 台（套），且配有专车服务。

MS 制冷培训中心注重理论和实践的结合，开设电学基础知识、房用空调、汽车空调等空调培训课程；除此之外，MS 制冷培训中心具有完善的设备，学员可利用所学知识进行实际操作。学员大多为来自周边省份或琅南塔综合职业教育培训学校的学生。他们前来实习，积累经验。

MS 制冷培训中心与当地多家中资企业建立合作关系，是广东志高空调有限公司的合作伙伴，为志高公司提供了多次学院空调与制冷培训服务。MS 制冷培训中心成立时间较短，教学水平还存在不足，质量离国际标准还存在一定的距离。MS 制冷培训中心期望通过与顺德职业技术学院的合作，更充分地学到优质的专业教学课程以及先进的技术理念等，不断提升制冷与空调技术专业的教学水平和人才培养质量。

## 三、运作模式

老挝 MS 制冷培训中心负责投入设备、场地，并联系当地企业、院校招募技能培训学员，协助顺德职业技术学院对中方培训课程、标准在老挝进行官方认证及颁发培训证书。顺德职业技术学院投入师资、开发课程标准、提供教学资源，并开设中国传统文化、空调理论、空调机制冷工程实用技术等课程；授课方面，理论讲解和实操练习相结合，以实操为主。学员参加理论和实践培训，经考核合格后获得学校和老挝 MS 制冷培训中心联合颁发的培训证书。中方课程标准及教材由老挝琅南塔省教育厅给予官方认证。

## 四、成果与创新

2022 年 6 月，在老挝琅南塔省教育厅支持下，顺德职业技术学院制冷专业教师对老挝 MS 制冷培训中心 33 名学员进行了制冷与空调维修技术国际在线视频培训，输出了优质的职教资源和师资力量，大大增强了中国职教及专业技术的海外影响力。

## （一）打造中国特色制冷与空调技术职教品牌

顺德职业技术学院与老挝 MS 制冷培训中心的合作中，学院为老挝方提供精品的专业课程培训标准及培训包，分享了优质的职教资源和师资力量。课程和教材标准获得老挝琅南塔省政府的官方认证支持，大大增强了中国职教品牌的海外影响力。

## （二）探索建设"一带一路"合作创新机制

顺德职院与老挝 MS 制冷培训中心合作建立的"墨子学苑"（鲁班工坊）旨在服务培养"一带一路"本土技术技能人才，为中国职业教育开展"一带一路"国际合作积累了可贵的理论和实践经验，为人才培养国际合作机制的创新提供了有利的条件。

## （三）服务中国企业"走出去"

老挝 MS 制冷培训中心是志高空调公司等中资企业的专用合作伙伴。学院与老挝 MS 制冷培训中心合作建立的"墨子学苑"（鲁班工坊）获得了志高等企业的强力支持，学院依托平台，服务中资企业培养"一带一路"分公司本土员工，协助企业在海外扎根落地。

## 五、经验与总结

## （一）在国际化校企合作方面，与产业对接，以优势特色专业开路

顺德是世界工业重镇，产业发达，有 350 万常住人口，有 4 万多家企业，其中，70% 的企业有国际贸易业务，对国际化技术技能人才需求旺盛。学院针对行业企业需求进行专业建设，制冷与空调技术已经建成国家级精品专业，学院还主导建设了制冷专业国家级教学资源库。学院"双高"建设充分利用了该专业校企合作中积累的育人经验和精品课程资源，首先推出了制冷专业"走出去"项目，并取得了理想效果。

## （二）国际合作办学方面，以"引进来"助力"走出去"

中国职业教育的国际化从"引进来"起步，现在步入"引进来"和"走出去"双向发展阶段。顺德职业技术学院自 2004 年就开启了国际合作办学，注重国际化育人质量，注重培养专业素质强、掌握外语、可跨文化沟通的国际化实用人才。顺德职业技术学院毕业生广受欢迎，办学成果得到家长和社会认可，国际合作办学专业 18 年来未间断招生。国际合作办学项目培养了一批具有国际视野、国际化综合素质高的教师队伍，通过引进吸收，改革了一批双语课程。在"双高"建设中，学院充分学习和吸收了合作办学专业课程设置和改革经验，以国际化视角开发了制冷等专业的国际化课程，通过"引进来"的国际化成果助力中国特色职业教育"走出去"，取得了良好效果。

## （三）海内外政校企相协调合作，有助于国际项目的推进

顺德职业技术学院与老挝 MS 制冷培训中心的合作项目的达成，有赖于顺德区政府、老挝琅南塔省教育厅，以及志高空调公司的支持。在项目策划前期，老挝琅南塔省教育厅代表参与了中国、老挝院校的前期洽谈，明确表示期望引进中国制冷技术标准的需求，支持顺德职业技术学院教材与标准开展官方认证。顺德区政府为项目的运作提供了资金支持，鼓励顺德职院服务"一带一路"建设。学校、政府、企业多方的支持和推进促成了项目的达成，这是中国职业教育服务"一带一路"建设迈出的重要一步。

# 6. 以舞为媒，用心讲好中国故事

广东省外语艺术职业学院

朴红梅　马永建　高　燕　李楠楠　余丹凤

**摘要：** 广东省外语艺术职业学院（以下简称"广外艺"）是一所以外语和艺术为特色的高职学院，自国家推进"一带一路"倡议以来，学校积极响应号召，主动融入与服务"一带一路"建设，积极开展国际交流与合作，与24所境外大学和教育单位建立合作关系，获"广东省高等院校对外交流与合作先进集体"荣誉称号。学院是广东省"一带一路"职业教育联盟理事单位，此外，与教育部国别与区域研究中心合作的"法国研究中心"和"中法艺术人才培养基地""中韩人文交流中心"等也先后落户该学院。

学院近年来开展了多种形式的中外文化交流活动，尤其注重"以美为媒"，搭建艺术文化交流之桥，促进国际交流与理解。学院上下对此达成了共识：艺术作为人类文化的重要载体，是一种超越国界的语言，它在创造优美动人的艺术形象的同时，也在塑造和展现着国家和民族的文化形象。因此，努力发挥学院优势，让更多其他国家民众看到中国年轻一代学子所展现的中国艺术形象，听到动人的中国故事，感受中华文化魅力，成为促进学院专业建设的重要推动力之一。

**关键词：** "一带一路"倡议背景　艺术教育　国际化发展　人才培养

## 一、案例背景

党的十八大以来，习近平总书记高度重视文化建设，多次强调坚定文化自信、坚守中华文化立场、弘扬优秀传统文化。2021年4月19日，习近平总书记在清华大学考察时指出："要增强文化自信，以美为媒，加强国际文化交流。"习近平总书记的指示，高屋建瓴地为中外文化交流指明了方向，也成为广东省外语艺术职业学院师生努力践行的目标。

二、做法与特色

（一）发扬中国传统舞蹈文化基因，美育助力人才培养对接世界

中国近代教育家蔡元培先生曾提到，"艺术是唯一的世界性语言"。广外艺的对外交流宗旨是，推进中华文化的国际传播，打造广外艺专属的文化创作及学生培养模式，用精湛的舞蹈艺术推动文化创新发展及国际传播。五燕艺术团是广外艺培养舞蹈艺术人才、老师指导学生创新文化创作的实践平台，是在该学院美育土壤上开出的一朵灿烂的美育之花。近年来，五燕艺术团在文化艺术对外交流中取得了显著成果，这与广外艺的人才培养模式及广外艺对中外文化交流的重视密不可分。

广外艺在长达43年的办学历史中，一直将美育作为人才培养的重要方式之一。在学校领导的指导下，艺术教育学院牵头，以中华美育精神为内核，着力构建了"课、展、服一体化"高职院校美育模式。该模式以"立德树人、全面发展"为主线，对美育课程、艺术展演、社会服务、国际文化交流展演进行一体化设计，形成了螺旋上升式发展模式——通过形式多样的美育课程使学生获得必备的知识、技艺和审美素养，以常态化的艺术展演培养学生的文化创新能力，以具有美育特色的社会服务、国际文化交流展演培养学生的中国传统舞蹈展演能力，提高学生文化自信。

这一模式在传统的美育课程教学的基础上，遵循职业教育的规律，强化了"活动育人""社会服务育人""对外交流育人"的教育方式；着力使中华美育精神的传承与发展落到实处，将美育课堂转化为舞蹈能力和创作技巧，激励师生扎根中国舞蹈文化，创作出对中国文化在世界广泛传播具有重要推进作用的舞蹈作品，推动中国传统舞蹈"走出去"向世界传播。

（二）搭建文化艺术国际平台，向世界展现中国舞蹈新力量

推进中华文化的国际传播，不仅要提升中华文化"走出去"的辐

射力，而且要增强中华文化"走进去"的影响力。广外艺在对外交流中充分发挥学院专业及文化特色，合理有效利用国际教育资源，搭建国际化的文化艺术交流平台，将广外艺中国舞蹈的美育成果通过平台向世界进行展演及传播。

2016年，五燕艺术团以20世纪30年代广东西关为背景，以两个绣头的爱情故事为主线，创作了小舞剧《绣缘》。《绣缘》展示了中国四大名绣之一的粤绣之美，用优美的舞蹈将民国时期的广府风情呈现得惟妙惟肖，一举夺得了第五届岭南舞蹈大赛小舞剧组金奖。同年11月，艺术团携《绣缘》赴韩国世宗大学、蔚山大学进行交流演出，开启该学院"向世界传播岭南文化"征程。赴韩国交流演出时，五燕艺术团还在原有小舞剧基础上，增加了伞舞、出嫁舞、拨浪鼓舞等具有浓郁中国韵味的舞蹈元素。国外观众对这一作品的强烈反响让师生备受鼓舞，进一步坚定了她们用舞蹈讲好中国故事的决心和信心。

2018年6月，五燕艺术团赴英国演出，伯明翰城市大学音乐厅、威尔士卡迪夫社区、英皇芭蕾舞学院、伦敦华舞学校等均留下了他们的身影。演出时，学生们的每个动作、表情、道具都显得精美绝伦，将岭南舞蹈之美、文化之美展现得淋漓尽致，观众们无不为其精湛舞技赞叹折服。

2019年2月，五燕艺术团受西班牙萨拉曼卡市政府邀请参加西班牙中国年活动。萨拉曼卡位于西班牙西部，是闻名世界的大学古城，1988年被联合国教科文组织列为人类文化遗产，2002年被评选为欧洲文化之都。广州和萨拉曼卡作为两国的文化名城：一个是世界第二大通用语言——西班牙语的摇篮，有着欧洲最古老的大学之一的萨拉曼卡大学；一个是东方千年通商口岸岭南文化之都，是岭南文化和广府文化的发祥地，沉淀了灿若星河的历史遗存与非物质文化遗产。此次西班牙中国年活动，将两座历史文化名城联系在一起，推动了广府文化与西方文化的交融互鉴，以及中西两国文化、旅游、经济、教育等领域的交流与合作。五燕艺术团在西班牙的演出与交流活动大获成功，萨拉曼卡市长卡洛斯·加西亚·卡瓦约在市政厅还专门接见了艺术团全体师生，对其到来表示热诚的欢迎和衷心的感谢。

## 三、成果与创新

### （一）通过美育夯实学生创编及展演能力

一是将艺术展演作为促学与促创的重要手段。让人人都成为校园美育成果的享有者和创造者，在获得艺术熏陶的同时激发学习兴趣，提升学生文化创新能力。

二是以美育社会服务作为学院内学习与实践的升华，让学生们在社会大学校、大舞台上运用专业技能服务社会，提升其责任感和使命感，形成学校美育与社会美育的联动关系，使学校美育成果在惠及更多人的同时也集聚更多的服务型社会实践资源，让美育真正成为"有源之水、有本之木"。

三是以中华优秀传统文化作为美育的灵魂。将美育成果推向世界舞台展现中华传统文化魅力。除了强化相关课程建设外，尤其重视将美育成果转化，注重以作品创作（成果导向）加深学生对中华优秀传统文化的体验和认识，弘扬中华优秀传统文化，促进国际文化交流合作，推进国际化教学改革深入开展。

### （二）通过中国传统舞蹈海外传扬坚定了师生文化自信

广外艺的五燕艺术团赴海外进行交流演出，向世界传播中国岭南舞蹈文化已成为该学院在国际交流中的一项长期坚持的工作，近年来已组织了200多人次的师生参与海外演出交流。

近年来，广外艺的五燕艺术团已先后赴韩国、英国、西班牙等国演出，以舞为媒，取得了巨大成功。在艺术团海外展演活动中，据不完全统计，受众人数已有近万人。艺术团所到之处，不仅外国观众被优美的岭南舞蹈所折服，在海外的华人也重启文化记忆与文化自信。艺术团成员回忆在英国的演出时说："有场演出后，一位华裔女孩牵着妈妈的手跑到我们面前，她妈妈告诉我们，女孩儿在英国出生，不会讲中文，看了我们的舞蹈后，特别喜欢盖红盖头出嫁的舞段，觉得很美，很迷人，很想跟我们学，而且还说，她以后长大结婚，也一定要用这种最传统的中国式婚礼。一段舞蹈唤醒了国外华裔的深层文化记忆，并在孩子身上得到传承和延续，作为文化传播者，我们很欣慰也很自豪。"

在西班牙开展中国年活动的时候，团员们在舞蹈表演之余，还向当地小朋友教授中国剪纸。在为期两天的活动中，家长带着孩子们纷纷前来体验，并被"中国小老师"的剪纸技艺所折服。

在世界各地的展演过程中，五燕艺术团的演出也受到社会各界的好评。在演出结束后，观众们不断追问艺术团的团员们："中国舞蹈太美了！姑娘们跳得好棒啊！你们的演出照片能购买吗？你们还有第二场演出吗？"

广外艺构建的文化艺术交流国际平台，组织海外展演对外交流，不但弘扬了中华民族的悠久文化，裨益了海外学子及受众，也进一步开阔了该学院学生的国际视野，提高了学生的文化艺术素养，为实现培养高素质技能型创作型文化艺术类专门人才的目标提供了途径并奠定了坚实的基础。

（三）孕育了一批成熟的中国舞蹈作品

广外艺扎根于中国文化，创作了一批成熟的舞蹈作品。

（1）创作了小舞剧《绣缘》。《绣缘》展示了中国四大名绣之一的粤绣之美，并用优美的舞蹈将民国广府风情呈现得惟妙惟肖。

（2）创作了《雷公佑红土》。取材于国家级非物质文化遗产——湛江傩舞，作品以民间活态遗存的"小传统"，弘扬了新时代国家传递的"大传统"——礼法坚守、信仰之美以及民族文化认同感。同时作品通过渲染"意象"与"现实"二者相融共生的空间，体现了"人与神"的联系，探寻了生命的意义。

（3）此外，还创作了《西关小姐》《渔水谣》《采茶舞》等一系列作品，并通过广外艺的国际文化交流平台使其走向了世界。

四、经验与总结

正如西班牙萨拉曼卡市长卡洛斯·加西亚·卡瓦约在致辞中说的："我很高兴看到这么多充满活力的年轻人来到萨拉曼卡，感谢你们带着中国的希望来西班牙展示中华文化。"中华文化的传承与传播的希望在年轻人身上，中外文化交流的未来也将由这些年轻人来完成，因此通过各种方式让我们的学子们深切地感受到中华文化与艺术的魅力，以美育人、以文化人，让他们自觉地认识中华优秀传统文化的价值并努力践行及向世界传播是当代教育工作者的责任。

（一）以美育提升学生创演能力，中国传统舞蹈海外传扬坚定文化自信

2018年8月30日，习近平总书记在给中央美术学院老教授的回信中指出："做好美育工作，要坚持立德树人，扎根时代生活，遵循美育特点，弘扬中华美育精神，让祖国青年一代身心都健康成长。"美育能够"润物细无声"地润泽学生心灵，让他们从中感受到生命的美好与中华美育精神的精髓，从而自觉地成为美育的践行者和传播者。将美育融入中国舞蹈的学生培养及教育，通过形式多样的美育课程使学生获得必备的知识、技艺和审美素养，可以更为广泛地培养学生的创演能力，可以更为广泛地夯实学子舞蹈能力，从而孕育出更多具备中国舞蹈表演基础的学生；提升学生们舞蹈创编和参演的能力，从而为组建对外交流演出团队、创作演出舞蹈打下了坚实的基础。

（二）跨文化交流互学互鉴，反哺中国传统舞蹈创新发展"走出去"

文化因多样而交流，因交流而互学互鉴，因互学互鉴而发展。文化传播是一个互相融合、共享互促的过程。中国传统舞蹈文化内涵丰富，动作、服装、道具、音乐等构成了舞蹈丰富的结构层次，在对外交流合作中，中国传统舞蹈在海外传播是一项复杂的文化交流活动。我们既要坚持文化自信，坚持中国舞蹈，又要考虑海外受众特定的文化语境，帮助海外观众克服接受异国文化的困难，避免产生交流障碍，最大限度地发挥中国舞蹈的文化魅力，加强中国舞蹈艺术对外的传播力度。

# 7. 绘就交通强国底色　加快推进国际交流合作

广东交通职业技术学院

熊嘉逸

**摘要：** 广东交通职业技术学院始终把发展职业教育对外开放、服务"一带一路"建设、服务交通强国建设、服务粤港澳大湾区建设作为重要任务。近几年，依托国家推进新时代交通强国建设及粤港澳大湾区建设，依托汽车、轨道、航海等交通特色优势专业，通过引进、吸收和参与开发国际专业认证为主的优质职业教育资源，拓展海外分校办学项目，打造标准引领、项目导向、智力援助、模式创新的"广交院名片"。

**关键词：** 国际交流　交通强国

## 一、合作概况

广东交通职业技术学院（以下简称"广交院"）创办于 1959 年。1999 年经教育部批准，成为一所省教育厅主管、行业特色鲜明、以工科为主的综合性高等职业院校。广交院先后获得国家骨干高职院校、国家优质专科高等职业院校、省域"双高"校建设单位称号，迄今已有64 年办学历史。广交院根据区域重点产业结构的要求，调整及优化专业结构，促进产教深度融合。该院现设有 54 个专业，涵盖土木工程、汽车机械、船舶驾驶、轨道交通、智能交通、运输管理、机电设备、电子信息、商贸等领域，形成支撑"交通强国"战略及粤港澳大湾区产业发展的专业群体系，建成了"公路、水路、轨道三路引领，航空管道机电信息经济管理人文设计多面发展"的专业总体布局。

广交院通过开展国际交流合作项目，服务"一带一路"和粤港澳大湾区建设，国际化办学水平持续提升，国际影响力不断增强，形成了融会贯通、国际合作交流纵深拓展的新局面。广交院的国际化办学水平得到提升，培养出交通行业特色鲜明、国际通用的高素质技术技能人才，探索了对外交流合作的新模式。在培养国际通用技术技能人才项目中，进行国际专业认证、引进和参与制定国际职业教育标准等内容建设；在留学生教育项目中，开展学历、非学历留学生教育；在优质资源共享项目中，开展设立海外分校、境外师生员工培训、服务企业"走出去"员工培训等内容建设。

## 二、主要做法

### （一）适应新时代职业教育形势，高度重视国际化教育工作

为适应新时代职业教育的新趋势，全方位、多层次推动国际合作与交流，加速广交院国际化建设，院领导高度重视国际化教育工作，在广交院党委会、院长办公会等会议上深入学习贯彻习近平总书记关于教育对外开放的重要指示批示，围绕重点领域、关键环节和热点问题加强制度建设、发挥行业特色、拓展教育合作交流，科学谋划国际化各项工作，不断提升国际化办学水平。

### （二）服务"一带一路"合作交流

**1. 推进与乌兹别克斯坦职业教育国际创新合作**

深化与乌兹别克斯坦职业教育国际创新合作交流，与乌兹别克斯坦塔什干国立交通大学签署了合作备忘录，将在教育工程、人文交流、创新驱动、产业融合方面开展合作交流，共建共享创新资源，共同培养国际化高技能人才，推动高等职业教育国际化发展。双方高校进行文化交流展示，学院学子开办中国书法展示活动，并将作品赠送乌兹别克斯坦驻广州总领事馆领事埃纳扎罗夫·拉赫蒙。

**2. 拓展一批海外办学项目**

扎实推进与马来西亚 SLC 汽车工艺学院的合作交流。2021 年，广交院的 14 名分校兼职教师通过网络远程指导授课等方式，继续开展教育教学和指导工作，承担授课任务，并参与开展教学标准制定、课程与教学资源开发。2021 年 11 月，在两院教师共同指导下，SLC 汽车工艺学院学生 Choo You An（朱右安）将代表马来西亚参加上海第 46 届世

图1　乌兹别克斯坦驻广州总领事（左）代表塔什干国立交通大学与学院
签署合作备忘录

图2　乌兹别克斯坦驻广州总领事馆领事一行来校访问交流

界技能大赛。同时，在广东省"一带一路"职教联盟2021年年度会议
上，马来西亚SLC汽车工艺学院作为广交院的合作院校，也受邀在此次
会议上发言致辞。学院的"中马汽车国际人才联合培养基地"项目入
选教育部第二批"中国—东盟高职院校特色合作项目"。

图 3　朱右安代表马来西亚参加上海第 46 届世界技能大赛

### 3. 加强优质资源共享工作

2021 年 3 月，中华工程教育学会（IEET）认证委员会官方公布 2020 年全球技术教育专业认证结果，广交院计算机网络技术专业正式通过 TAC－AD 认证，成为广交院第一个通过 IEET 国际工程教育专业认证的专业。计算机专业联合广东唯康教育股份有限公司开发世界技能大赛信息网络布线赛项资源包。下一步，双方将深化合作，由广交院牵头深度开发世界技能大赛配套的教材、虚拟仿真实训产品，并在广交院产教融合基地共建世界技能大赛信息网络布线赛项研发与培训中心，共同培养具有国际水平的技术技能人才。

### （三）以交通行业排头兵姿态，培养粤港澳大湾区高质素产业技术工人

#### 1. 当选交通行业广东省交通运输行业劳模和工匠人才创新工作室联盟理事长单位

依托交通行业"走出去"，探索推进国际化产教融合、国际化科研平台建立；当选广州粤港澳大湾区公共交通职业教育集团副理事长单位，推动国际化产教融合，不断深化校企合作，促进教育链、人才链与产业链、创新链有机衔接，推动职业教育与区域产业相融共生、同频共振。

图4　广东省交通运输行业劳模和工匠人才创新工作室联盟成立

### 2. 建立广珠澳合作交流长效机制

广交院与澳门中安顾问有限公司珠海市现代人才培训中心、澳门建筑建造行业协会签订了战略合作协议，组建粤港澳师资培训库定期为澳门行业人员开展人力资源管理、酒店管理等专业培训，为服务粤港澳大湾区、为澳门经济多元化发展提供人力支撑。首期测量员培训班共培训人员 25 人次。

图5　首期澳门建造行业测量培训班

### 3. 扎实做好粤港澳船员培训基地建设

一是加强与香港海事处、澳门航海学校合作，提供优质船员培训服务，同时依托港澳国际船员培训项目和澳门航海学校培训项目积极开展国际船员培训服务。服务港澳船员平安卡培训累计 1200 人次，督导卡累计 350 人次。二是推进海上游艇驾照操作人员培训工作。会同广州宾尼航海俱乐部联合开展海上游艇驾照操作人员培训，吸引来自意大利、中国香港等地的学员参与，提升了船员培训的国际影响力。

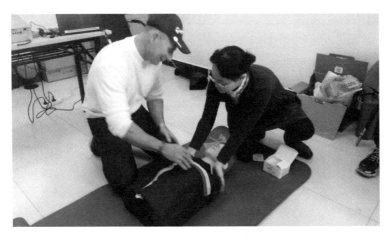

图 6　广交院朱惠玲医生为意大利学员讲授应急救援知识

### 4. 推进职业院校国际化研究工作

一是广交院重视总结提炼禅武文化发展的经验，多次在《侨务工作研究》等核心期刊发表相关论文。二是承接国务院侨办课题"扩大禅武文化海外影响力的途径和策略"并顺利结题，为探索科学合理的禅武文化海外传播途径与策略、创新中华文化海外传播方式提供了新的启示。三是积极申报课题，"交通运输职业教育服务'一带一路'的实践研究与模式探索"入选广东省职业技术教育学会第四届理事会 2023—2024 年度科研规划课题。四是《弘扬中华优秀传统文化 赋能职业教育高质量发展》荣获广东省职业技术教育学会优秀传统文化传承工作委员会中华优秀文化传统工作典型案例一等奖。

（四）职业教育发达国家合作交流

**1. 共建中德 IBA "双元制"职业学院**

广交院与德国赋优（F＋U）教育集团合作，通过成立广东交通 IBA "双元制"职业学院，引进德国"双元制"高等教育成熟品牌，促进国际经验的本土化、再创新。一是创新高等职业教育人才培养模式，服务"双高"建设。二是参照"双元制"，开发企业课程，打造企业实习实训基地，建设"双师型"教师队伍及企业培训师队伍。三是促进中德学生双向互动交流，服务中欧经济国际化合作。

图7　共建中德职业学院，赋能国际交流合作

机电类专业依托中德职业教育联盟广东省基地，引进德国 AHK 职业资格考试认证体系，通过开展 AHK 师资培训获取德国"双元制"培训资质。借鉴吸收德国先进制造业和职业教育标准，提升专业教学水平，为接下来开设"中德智造班"等国际化项目打下坚实基础。

图8　德国机电一体化课程标准和项目教学师资培训班

**2. 提高学历提升教育的供给能力**

广交院积极提高学历提升服务的供给能力，满足学生及校友的需求，与马来西亚国民大学开展 MBA 硕士研究生培养工作，借助优秀资源，满足学生学历提升的需求。

**（四）推广中华优秀传统文化，讲好中国故事**

广交院利用丰富的侨务资源，在国侨办、广东省侨办、中国华文教育基金会等有关部门的带领下，组织禅武教练、师生团队远赴美国、英国、法国、澳大利亚、新西兰、爱尔兰、匈牙利、意大利、巴拿马、马来西亚、印度尼西亚、越南、老挝等国家和地区开展中外文化交流、慰侨展演和教学活动。承接了海外华裔青年文化传承项目，举办禅武功夫、狮艺、国学、太极等主题培训班（营），共培训外籍学员750 人日，为50 多个国家和地区的华裔青少年和外国友人提供了高质量的禅武文化培训。同时广交院编写的《弘扬中华优秀传统文化　赋能职业教育高质量发展》荣获广东省职业技术教育学会优秀传统文化传承工作委员会中华优秀文化传统工作典型案例一等奖。

图9 推广中华优秀传统文化，讲好中国故事

为充分发挥中华文化传承基地·禅武中心的文化交流和教育功能，更好地传承与弘扬中华优秀传统文化，服务侨务、文化和教育工作，广交院与禅武国际联盟总会（匈牙利）广东办事处共建国际文化教育交流基地，扩大广交院的对外校际交流，扩大广交院职业教育国际化，提高广交院国际知名度，为促进广东对外人文交流和教育国际化做出新贡献。

图10 共建国际文化教育交流基地

## 三、成果与特色

### （一）深化国际交流合作，增强学校国际交流"朋友圈"

广交院与马来西亚 SLC 汽车工艺学院等国（境）外知名高校及其相关专业缔结了姊妹校、姊妹专业关系，并以副理事长单位的身份加入广东省"一带一路"职教联盟。同时，广交院还成功入选中德职业教育联盟广东省示范基地并成为副理事长单位，以常务理事或理事身份加入"中国—东盟交通教育国际联盟""中俄交通大学校长论坛联盟""金砖国家交通类大学校长论坛"，成为广州粤港澳大湾区公共交流职业教育集团副理事长单位，积极拓展对外关系，夯实国际交流合作平台。

### （二）课题研究引领国际教育事业发展

广交院重视禅武文化发展的经验总结和提升，多次将禅武文化项目实施经验加以反思，提炼成文，发表在《侨务工作研究》等核心期刊，为创新开展统战工作、助力中华文化海外传扬提供经验样本。广交院组织人员成立专项课题组，承接国务院侨办课题"扩大禅武文化海外影响力的途径和策略"并顺利结题，为探索科学合理的禅武文化海外传播途径与策略、创新中华文化海外传播方式提供了新的启示。积极参与广东省职业技术教育学会第四届理事会 2023—2024 年度科研规划课题，并获得立项，以课题研究引领广交院国际教育事业新发展。

### （三）发挥交通强国建设的新动能、新优势，推进职业教育国际化

广交院当选交通行业广东省交通运输行业劳模、工匠人才创新工作室联盟理事长单位和广州粤港澳大湾区公共交通职业教育集团副理事长单位。此外，广交院先后在 2022 年亚洲教育论坛、第六届国际职业教育大会作交流发言，入选 2022 年职业教育国际合作与交流典型院校；以交通行业排头兵姿态推动国际化产教融合，不断深化校企合作，促进教育链、人才链与产业链、创新链有机衔接，推动职业教育与区域产业

相融共生、同频共振。

## 四、推动教育对外开放高质量发展工作思考

推动职业教育对外开放高质量发展，需要加强教师和学生的深度交换、交流和互访学习，并逐渐打破地理和政策的一些限制，真正实现资源共享、优势互补，共同推动大湾区高等教育更高质量和更高水平的提升。广交院将发挥交通强国建设的新动能新优势，加快教育对外开放工作。一是立足广交院办学特色，大力推进中外合作办学、国际生招收工作；发挥华文教育特色，积极开展汉语教学推广、非遗文化体验、"中文＋职业技术技能"等项目，讲好中国故事。二是立足高质量发展目标，稳步建设与"一带一路"沿线国家交流合作机制，共享广交院专业教学标准、课程标准，积极参与国际技能大赛。三是立足惠及民生的发展使命，开展专任教师对外培训和指导工作。

# 8. 研制导游专业国际标准　提升中国职教
# 国际影响力

广东工贸职业技术学院

刘　聪　禹　琴　罗春科

**摘要：** 广东工贸职业技术学院积极响应"一带一路"倡议，协同中国有色矿业集团"走出去"，研制导游专业国际标准，探索与中国企业和产品"走出去"配套的职业教育发展模式。通过强化体制机制建设、开展"政校行企"多元合作、整合优质教育资源、明确人才培养目标、制定"中文＋职业技能"课程体系和探索阶梯式实践教学体系等做法，有效地实现中国标准和教育资源"走出去"，提升职业教育国际影响力。

**关键词：** 导游专业　国际标准　职业教育"走出去"

## 一、案例背景

2019 年，中国高等教育学会发布了《高等学校境外办学指南》，明确了境外办学的基本定位和发展目标，对境外办学筹备建设和教育教学有政策助推作用。截至 2021 年 9 月，职业院校已建成国（境）外办学点 200 多个，开发并被国（境）外采用的专业教学标准 933 项、课程标准 6053 项，较上一年稳中有升。

赞比亚导游职业教育发展落后，面临导游专业人才不足的问题。该国自 1964 年独立后一直存在严重的人才短缺问题。近年来，赞比亚通过发展旅游业、制造业与矿业，大力推进经济发展和解决就业问题。赞比亚的自然景观资源和人文景观资源都非常丰富，最具代表性的为世界第七大自然奇观的维多利亚瀑布。但目前赞比亚的导游职业教育发展极其落后，大多数旅行社未设置导游岗位，无法满足逐年增长的旅游需求，也影响赞比亚旅游业服务质量，不利于推动旅游业可持续发展。中国—赞比亚职业技术学院（以下简称"中赞职院"）广东工贸分院导游专业建设和人才培养可有效缓解其导游人才短缺的问题。

中国职业教育"走出去"还存在职业教育标准推广力度不够和国际影响力不足的问题。目前很多职业院校还是以零散的课程、教材、师资等教育资源"走出去"为主，对职业教育标准"走出去"的重视程度不足；缺乏世界认可的完善的行业标准和中国职教领域的境外办学品牌，国际影响力不足。中国职业教育标准"走出去"可拓展中国特色高职教育"走出去"的实践领域，丰富国际化教育发展的内涵。中国职业教育应服务国家的"一带一路"倡议，主动承担使命，以积极的态度创新办学理念、体制与机制，探索与中国企业和产品"走出去"相配套的职业教育发展模式，构建现代职教体系的国际化发展之路。

## 二、做法与特色

为响应"一带一路"倡议，助力中国优质企业"走出去"，广东工贸职业技术学院与中国有色矿业集团（世界 500 强）签订校企深度合作协议。2019 年，该学院成为教育部职业教育"走出去"试点院校之一，精准对接"走出去"企业的海外人才需求和当地社会经济发展需求，积极参与教育部职业教育"走出去"试点工作，在赞比亚开设导游专业，并经学院专业团队研究和国内专家审核，研制英文版的《导游专业》专业标准。2019 年 5 月，中赞职院向赞比亚职业教育与培训管理局（Technical Education, Vocational and Entrepreneurship Training Authority，简称 TEVETA）申报开设新专业——导游专业，并承担制定该专业人才培养方案和专业标准的任务。

### （一）强化体制机制建设

学院高度注重职业教育"走出去"工作，成立对外交流合作处，组建职业教育"走出去"领导小组和工作小组，成立中国—赞比亚职业技术学院广东工贸分院建设工作专班，厘清学院内部各部门职责，形成多部门联动的协调沟通机制，保障境外办学建设顺利推进。将职业教育"走出去"纳入学校"十四五"规划和"双高"院校建设重点项目，整体布局，统筹规划。加强境外办学制度建设，制定《涉外交流合作管理办法》等 10 个相关制度，制定《教师赴中国—赞比亚职业技术学院工贸分院待遇规定》等激励措施，推动职业教育"走出去"各项工作。

## （二）开展"政校行企"多元合作

职业教育"走出去"是一项系统工程。学院与政府、行业和企业开展"政校行企"多元合作，按照"政府引导、行业协调、企业主建、学院主教"的原则，共同推进职业教育"走出去"。"政"是指教育主管部门，即中国教育部中外语言合作中心、广东省教育厅和赞比亚职业教育与培训管理局（TEVET）等，负责出台文件、提供政策指导。"校"是指学院，主要负责职业教育"走出去"内涵建设。"行"是指有色金属工业人才中心，负责整合资源、多方协调。"企"是指中国有色矿业集团及其下属境外企业，主要负责境外基础建设等。四方共同开展职业教育"走出去"，实现办学成效最大化。

## （三）整合优质教育资源

在职业教育国际化实践中，共享标准是职业教育国际化的最高阶段。学院高度重视导游专业国际标准制定工作，组建专业标准制定团队，了解赞比亚政府旅游业发展政策，调研赞比亚旅游业人力资源需求，根据当前我国导游专业岗位分类、导游工作过程、工作职责、职业能力和核心能力分析，确定课程体系和课程内容，制定符合赞比亚教育习惯和教育制度规范的导游专业人才培养方案和专业标准。以大专业群建设的思路，整合优质职业教育资源，融合中国旅管课标与国际规范，突出中国元素，对赞比亚现有的与导游职业岗位相近的旅游管理专业和酒店管理专业进行课程资源整合，注重导游岗位纵向能力的深化和导游岗位群横向能力的拓展。整合优质教育资源，开发新的课程，一方面可让专业交叉互补，拓宽学生专业视野，使专业特色更为鲜明，贴近当地经济建设发展；另一方面还可聚集相关专业师资，形成师资数量结构优势，方便灵活调用。

## （四）明确人才培养目标

导游是实现旅游产品价值的关键要素，在整个游览行程中扮演着将食、住、行、游、购、娱六大要素高效串联以实现旅游产品价值的重要角色。专业标准制定团队在充分考虑赞比亚导游专业生源基础较薄弱这一客观现状的情况下，结合赞比亚国情和学情，将培养目标定为：具备导游知识结构的、能将专业知识和技能应用于所从事的导游岗位实践的技能型人才。具体而言，就是培养具有导游服务意识、熟悉导游的服务细则和标准、掌握导游基础知识和服务技能、能适应旅游经济全球化的发展并能应对旅游发展所带来的机会和挑战的技能型人才。

（五）制定"中文＋职业技能"课程体系

课程体系是实现培养目标的载体，是保障和提高教育质量的关键。专业标准制定团队以赞比亚旅游业升级发展需求为导向，根据赞比亚对导游技能人才的需求，构建了以专业基础课、专业核心课、专业拓展课、综合实训课四大模块组成的导游职业能力课程体系和服务学生成长成才及就业需求的"中文＋职业技能"课程体系。针对逐年增长的中国赴赞旅游需求以及在赞旅游企业、机构对中文导游的需求，专业标准制定团队在专业拓展课程中设置了导游口语（中文）和中国文化两门中文导游拓展课程。在职业技能课程方面，该专业设置 20 门课程，其中，专业基础课 6 门、专业核心课 5 门、专业拓展课 9 门。基于 TEVE-TA 课程标准的范式，专业标准制定团队将导游职业能力的职业知识和职业技能的要点进行分解，分级设计在每个模块中，并根据知识和能力要点的难易程度及赞比亚本土学生的认知能力设定学时数量。

（六）探索阶梯式实践教学体系

实践是将知识进行转化的重要手段。专业标准制定团队借鉴中国导游专业实践教学特色，按照"参观式、分散式和顶岗式"的阶梯式递进实践体系设置，构建以导游职业实训为特色的实践操作体系，在课程设置中第二年的第二和第三学期开设综合企业顶岗实习。实践教学采取项目化教学，将实践项目分成具体任务，设置清晰、具体的任务完成指标。该阶梯式实践体系既符合赞比亚学生热情好动、能歌善舞、善于沟通的个性特点，也适应学生偏好行动导向，避免了传统的"填鸭式"教学，让学生在实践中消化吸收理论知识和学习职业技能。

Approved Syllabus– Diploma in Tour Guiding

**6.0   PROGRAMME DURATION**

Three (3) years or 3 600 notional learning hours inclusive of 3 months Industrial Attachment.

**7.0   COURSE OUTLINE**

| MODULE: | YEAR 1 TITLE | DURATION (HOURS) |
|---|---|---|
| 451-01-A | INTRODUCTION TO TRAVEL AND TOURISM INDUSTRY | 200 |
| 451-02-A | TOURISM RESOURCE APPRECIATION | 200 |
| 451-03-A | PRINCIPLES OF TOUR GUIDING | 220 |
| 451-04-A | TOUR GUIDE FIRST AID SKILLS | 100 |
| 451-05-A | INTRODUCTION TO COMPUTERS | 80 |
| 451-06-A | COMMUNICATION SKILLS | 80 |
| 451-07-A | INTERCULTURAL COMMUNICATION | 180 |
| 451-08-A | ETIQUETTE FOR TOUR GUIDES | 160 |
| | Subtotal | 1200 |
| | YEAR 2 | |
| 451-09-B | VOCATIONAL SKILLS OF TOUR GUIDES | 150 |
| 451-10-B | SIMULATATED TOUR GUIDE | 150 |
| 451-11-B | TOURISM PSYCHOLOGY AND SERVICE STRATEGY | 150 |
| 451-12-B | ENVIRONMENTAL STUDIES | 100 |
| 451-13-B | TRAVEL AGENCY PRACTICE | 70 |
| 451-14-B | TRAVEL AND TOURISM LAW | 100 |
| | INDUSTRIAL ATTACHMENT | 480 |
| | | 1200 |

xi

Approved Syllabus– Diploma in Tour Guiding

| | | |
|---|---|---|
| | Subtotal | |
| | YEAR 3 | |
| | | |
| 451-15-C | TOURISM-RECEIVING COUNTRIES | 250 |
| 451-16-C | TOURISM MARKETING | 250 |
| 451-17-C | HOTEL SERVICE SKILLS | 150 |
| 451-18-C | SERVICE APPLICATIONS AT SCENIC SPOTS | 150 |
| 451-19-C | MANAGEMENT AND ORGANISATION | 100 |
| 451-20-C | TOURISM PRODUCT PACKAGING | 200 |
| 451-21-C | ENTREPRENEURSHIP | 100 |
| | Subtotal | 1200 |
| | Total | 3600 |

图 1   专业课程及学习时长

## 三、经验与总结

### （一）实现职业教育标准"走出去"

经赞比亚官方多次的专家论证审核，2020 年 7 月中赞职院广东工贸分院申报的导游专业课程标准成功通过赞比亚职业教育与培训管理局专业标准认证。2021 年秋季学期，该标准正式投入实施，这标志着该分院职业教育专业标准迈向国际的新阶段，实现了中国职业教育的标准共享。在研制和推广职业教育国际标准的同时，学校还着力培养国际中文教师 9 人，编写《导游汉语》教材 1 本。学院制订导游专业人才培养方案及输出专业标准为赞比亚旅游行业带来新的岗位和服务标准，为"一带一路"倡议贡献中国职教方案。

图 2　中赞职院导游专业教材标准封面　图 3　中赞职院导游专业标准通过赞比亚审核

图 4　赞比亚职业教育与培训管理局论证会 图 5　赞比亚官方对导游专业标准进行论证

### （二）带动学校国际化办学水平提升

中赞职院以职业教育标准"走出去"为抓手，发挥自身优势特色，探索出一条职业教育"走出去"服务国家"一带一路"倡议的有效实践路径，职业教育"走出去"办学水平提升显著。学校荣获"2019 广东省高等院校留学生教育先进集体奖"，"走出去"国际化办学案例获中国职业技术教育学会颁发的 2021 中国世界职业教育大会优秀案例奖；"双语双能双育：职业院校协同走出去企业共育本土技能人才模式探索与实践"项目获 2021 广东教育教学成果奖二等奖。

# 9. 引进来，打造本土标杆
# 走出去，彰显中国特色

*广东农工商职业技术学院*

*包映蕾*

**摘要：** 广东农工商职业技术学院（以下简称"农工商"）引进英国职业教育 BTEC HND 项目，开展 BTEC 教育本土化探索与实践，开发了课程标准，为世界职业教育提供中国方案；填补国内空白，助力国家高职教育提质升级；扎根粤港澳大湾区，服务湾区发展。

**关键词：** BTEC HND 项目　本土化　标准共享　服务湾区

## 一、学校中英合作办学概述

广东农工商职业技术学院是广东省"一流高职院校"、省域高水平高等职业院校，已有 70 年的办学历史和 20 年的国际化办学经验，现有两个校区，在校生 2.38 万余人。2002 年农工商提出"至土至洋，培养国际化高职人才"的战略构想，同年，经广东省教育厅批准，正式开办 BTEC 教育。2004 年，农工商 BTEC 教育中心成立，是华南地区最早开办英国高等教育文凭（HND），也是目前亚太地区最大规模的 BTEC 中心。经过 20 年的深耕厚植，农工商 BTEC 教育中心获得了"BTEC 全球优秀中心""BTEC 大中华区优秀示范中心""BTEC 大中华区卓越贡献奖""BTEC 项目大中华区师训基地""BTEC 优秀中心"等荣誉称号；学校 2017 年、2018 年连续两年获评"全国高职院校国际影响力 50 强"。

英国培生 BTEC 教育，原为英国爱德思国家职业学历与学术考试机构（Edexcel）开发的证书教育体系。每年，在全球的 120 多个国家和地区中的 7000 多所教学中心，有 500 多万人选择 Edexcel 课程。BTEC 在中等和高等学历、职业和人才培训方面具有世界领先地位，在关键技

图1 农工商 BTEC 教育中心获得5大国际荣誉称号

图2 2017年、2018年连续两年获得"全国高职院校国际影响力50强"荣誉称号

能教育的拓展方面有着卓越的表现和权威。其标准课程的要求适用于世界各个国家，学生完成 BTEC 课程后，得到具有国际水准的、普遍承认的英国国家高等教育文凭（HND）。2015年 BTEC 品牌被世界最大教育集团之一的培生教育集团收购，更名为培生 BTEC 高级国家文凭（Pearson BTEC Higher Nationals），继续提供英国高等职业文凭（与国内大专同等学力）教育。

农工商 BTEC 教育中心现有在校生近800人，毕业生近4000人，专任教师多为"双师型"教师，90%有海外留学或工作经历，80%有企业工作或创业经验。中心曾开设6个 BTEC HND 专业：BTEC 市场营销、BTEC 会计、BTEC 工商管理、BTEC 人力资源管理、BTEC 酒店管理和 BTEC 计算机应用技术专业。2019年，经过调整，共保留了4个商科专业：BTEC 市场营销、BTEC 会计、BTEC 工商管理和 BTEC 人力资源管理专业。

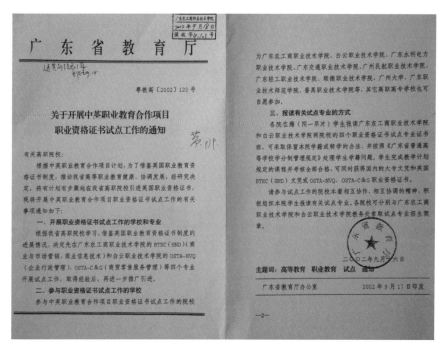

图3 教育厅关于学校开办 BTEC 教育的通知

图4 学校 2005 届首批 BTEC HND 毕业生

## 二、农工商 BTEC 办学指导思想

### （一）指导思想

以服务为宗旨、以就业为导向，走产学研结合的发展道路；培养为社会主义现代化建设服务，与生产劳动相结合，德、智、体、美、劳全面发展的社会主义事业的建设者和接班人。在具体实施过程中，始终坚持以下原则：原汁原味原则、洋为中用原则、示范辐射原则和求真创新原则。

### （二）基本原则

#### 1. 原汁原味原则

发扬工匠精神，深入学习、领会、贯彻"以学生为中心，以成果为导向，持续改进"的先进教育理念，搭建由专任教师组成的专业教学团队，严格推行大纲要求的以"内审 + 外审"为特色的人才培养质量保证体系，这一原则使得该中心教学最大可能地贴近世界先进做法。

#### 2. 洋为中用原则

农工商经过多年的摸索、实践和不断改进，熟练掌握国际通用的职业教育教学标准，形成一套完整的双语教学人才培养模式并在农工商内推广，同时在农工商内进行 BTEC 教学改革示范，对农工商人才培养质量和教师教学能力的提高起到了推动作用。

#### 3. 示范辐射原则

农工商应邀将总结提炼出的 BTEC HND 国际标准的人才培养模式，向国内其他院校和 BTEC 中心传授，目前已经完成培训约 30 场，对于国内国外在人才培养方面具有巨大的示范意义。

#### 4. 求真创新原则

在推进本土化进程中，努力推陈出新。农工商着重思考的是，一方面，助力国内高职教育改革，提供成熟的、先进的英国教育经验，无论是学生、农工商还是企业和政府都能真正受益；另一方面，与本土的实际情况相结合，创新课程标准，引领人才培养，服务国内经济建设，培养社会主义建设者和接班人。

### 三、具体做法和措施

#### (一)"引进来",借鉴"国际经验"

在英国 BTEC 人才培养的实践过程中,农工商的教学改革也在同步全面推进,即推动了国际人才培养模式的本土化进程,又为农工商和社会培养了一批掌握世界一流人才培养标准和方法的优秀高职教育工作者。操作中着重从以下方面进行:

##### 1. "国际经验"在学院 BTEC 教育中心的内化

引入国际先进教育模式,理念先行。"以学生为中心、以成果为导向,持续改进"是英国 BTEC 的人才培养理念。中心首先进行以生为本的课堂革命,大力推行以"学生学会、能用"为中心设计课堂教学,激发学生学习兴趣;引导学生进行思考和批判的探究式学习,拓展合作学习渠道,为课堂注入活力,使课堂从灌输课堂转变为对话课堂,从封闭课堂转变为开放课堂,从知识课堂转变为能力课堂,从重学轻思转变为学思结合,为学生带来了全新感受,使学生的学习兴趣和效果大幅提升。作为教学管理的动态过程,教学成果就是要达到既定培养标准,实现教、学以及办学质量的全面、系统改进。中心的BTEC 内、外审制度保证了教师的"教"和学生的"学"按照大纲的人才培养要求逐一落实,并逐级改进。在中心设立内审小组,选拔优秀教师担任内审员,对学习成果进行完全量化,改进了传统教学的随意性和片面性,实现了标准化管理;通过发现问题、纠正偏差、实时反馈,最终达成学习成果。实践证明 BTEC 教学效果显著,学生学习兴趣浓厚,对知识和技能的掌握到位、理解深刻,动手实践能力远超其他的相关专业。通过对教学成果的严格把控,中心在历年经由英方委派的"第三方"评估机构的评审中,人才培养质量和中心管理都得到英方外审专家和国内同行的高度认可。同时,实施个人导师制,满足学生个性化需求,因材施教,使每位学生都获得足够的关注和关怀,更快更好地适应 BTEC 教育模式。

图5　学生在企业现场学习

　　BTEC教学重视培养学生的实践能力，因此，中心开设了一系列实习实训项目，包括校企合作、参观企业、企业专家论坛、校外实训基地等。要求学生在"学中做，做中学"，更好地掌握专业能力和沟通能力、团队合作等通用能力。中心现有152个校外实习实训基地，其中包括中国电信、中国联通、万豪集团旗下威斯汀酒店等知名企业。通过与企业紧密合作，以教学授课、课堂讨论、专题讲座、企业调研、现场观摩、职业拓展训练等丰富多彩的方式，对实践教学做出了有益的尝试，并取得了丰硕成果。国家劳动和社会保障部中国就业促进会，为表彰农工商BTEC教育中心所取得的成绩，特授予"校企合作实践教学实验基地"称号。农工商合作企业包括南方人才市场、可口可乐、益力多、燕塘牛奶、本田、丰田、珠江啤酒、珠江钢琴等企业。农工商还聘请了施华洛世奇、瑞幸咖啡等知名企业的专家为学生做商业讲座，使学生及时掌握职场要求和市场变化；分别与广州逸仙电子商务有限公司、广东方胜人力资源有限公司共建产教融合人才培养基地，为社会培养首批"社交电商"人才，掌握行业标杆业务模式，进一步深化了"产教融合"，促进教育链、人才链与产业链、创新链有机衔接。

图6　BTEC教育中心与企业共建的产教融合人才培养基地

图7　BTEC教育中心的"企业课堂"

### 2. "BTEC人才培养经验"在全校的内化

农工商的教学改革经历了循序渐进、分阶段分目标的改革过程，从教师教学理念的改变到课堂组织、人才评价标准、人才培养质量保证体系的推行，再到OBE人才培养方案的制定，逐步完成了"以学生为中心，以成果为导向，持续改进"培养模式的全覆盖，为农工商的教学改革提供了持续支持和动力源泉。教师熟练掌握"中心总结的经验"，对于推动和深化教学改革具有积极的意义。以学为重，为教师赋能，主要体现在农工商定期组织BTEC教学观摩和教研活动，将BTEC教师的教学法进行"手术式"剖析，对教师进行课前、课中、课后的辅导。农工商中心承担学校的双语教学示范和推广工作，制定了《双语教学规范》和《双语教学评价标准》，大规模开展双语教师培养。迄今，已为农工商培养双语教师200多名。农工商每个学期每个专业方向都至少有一门专业课进行双语教学，定期举办双语教学研讨，实现了普惠的双语教学人才培养目的，受到学生和雇主的欢迎。在学校OBE人才培养方案制定的过程中，全校教师以BTEC考核方式为蓝本，设计了科学的形成性考核方案，对学生进行全面评价，这一革命性的改变为学生提供了更加有效的学习路径和方法，教师的人才培养和评价能力也大幅提高。

图8　BTEC教学观摩和研讨

### 3. "农工商模式"在全国的内化

作为大中华区唯一的"BTEC 师训基地"，农工商 BTEC 的教学团队已达到相当高的水准，拥有完善的内审体系、资深的内审团队、高水准的师资团队、新颖丰富的教学资源、科学有效的教学管理和先进的教学经验。农工商不断发展创新、提升办学水平的同时也致力于为兄弟院校 BTEC 中心培训师资和教学，提升教学的有效性和可操作性。BTEC 中心拥有"培生中国区职业技能首席培训师"，为全国的 BTEC 中心进行培训和预外审，包括：BTEC HND 项目课业设计、内审程序及注意事项、外审程序及注意事项、BTEC HND 课程演示、教师间交流、外审准备核查等。中心每年多次接待来访的本、专科学校代表，进行经验交流，并为社会提供英国高职教育本土化的相关培训，包括国培项目、各学校的培训项目、培生中国区培训项目等，辐射和带动兄弟院校和 BTEC 中心学习英国先进经验和进行本土化示范。

图9  农工商 BTEC 教育中心为湖南工业大学等进行 BTEC 教学法培训

### （二）"走出去"，贡献"中国智慧"

### 1. 英国 RQF 框架下的课程标准的开发和共享

根据《国家产教融合建设试点实施方案》《职业教育提质培优行动计划》和推行现代学徒制以及企业新型学徒制的要求，学校开拓性地开发了英国最新的国家资格框架 RQF（规范资格框架）下的"BTEC 人力资本管理"与"BTEC 猎头实务"课程标准（英文版）。两门课程标准的开发是基于中国经济的飞速发展，尤其是粤港澳大湾区蓬勃发展，人才流动加速，猎头岗位需求量激增，本科生从业意愿弱，高职学生胜任力不足，而英方提供的人力资源专业课程又无法满足的现状而提出的，得到英国培生 BTEC HND 商科课程专家团队的高度认可和一致通过。

　　两门课程现已正式归入英国 2021 版 BTEC HND 商科大纲，成为 BTEC HND 人力资源管理专业的核心专业课程，在全球 120 个国家和地区的 7000 多个 BTEC 中心正式使用，填补了世界猎头研究领域的理论和实践空白，为全球的 BTEC HND 人力资源专业建设和课程建设贡献中国智慧。

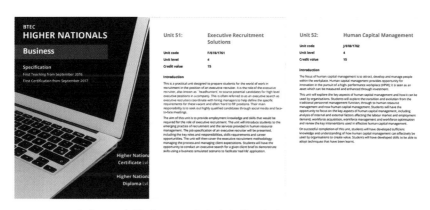

**图 10　BTEC 中心开发的"BTEC 人力资本管理"与"BTEC 猎头实务"课程标准**

### 2. 国际课程标准开发经验的国内应用

　　农工商率先开发了国内高职"猎头实务"课程标准和教学资源，建设适用于湾区的高起点、高平台、能见效、上档次的猎头专业和课程建设的标杆工程。基于粤港澳大湾区人才流动旺盛，急需猎头人才配置的视角，以及我国高职院校鲜少设置独立的猎头专业的现实，构建高职猎头现代学徒制的培养模式和课程标准，有利于提振民族精神，丰富猎头行业"中国梦"的内涵，助力粤港澳大湾区发展。由于"BTEC 猎头实务"课程的成功开发，农工商受邀开发国家资源库二级子项目《猎头实务》课程资源，课程内容围绕学习成果（learning outcomes）和核心内容（essential contents）展开，主要围绕大湾区建立后区域人力资源的特色，从人力资本有机、可持续发展的角度进行基础理论的阐述，在区域行业概况的基础上重点对人力资源行业中的新兴分支——猎头行业的发展和未来进行从理论到实务的阐述和分析。这是国内首门高职猎头课程，受到行业、企业的热烈欢迎，成为高职学生高质量就业的亮点。

图 11　BTEC 教育中心建设的国家资源库项目《猎头实务》

## （三）"沉下来"，服务"湾区建设"

推进粤港澳大湾区建设，是党中央做出的重大决策，是习近平总书记亲自谋划、亲自部署、亲自推动的重大国家战略。2012 年以来，广东省每年引进海外高层次人才数量不足 3000 名，无法满足大湾区建设人才流动的需求。香港和澳门地区的高校普遍采用英式教学体系，高等教育达到国际水平，与粤港澳三地的高校企业共同成立了"粤港澳大湾区国际化人才培养合作联盟"。农工商 BTEC 教育中心的 4 个 BTEC HND 商科专业与港澳的 BTEC 教育机构的相关专业和培养模式一致，共同为湾区提供国际标准的商科人才，并实现人才在湾区的自由流动。

此外，为服务区域经济，农工商对 BTEC 人力资源专业深入挖掘，率先成立了猎头现代学徒制工作室，通过与猎头企业共建项目平台，通过"猎头实务"课程学习，在校内招收猎头学徒，引进企业猎头顾问和猎头项目，先后与广州南方人才市场、广州启航人力资源有限公司、广州王红人力资源服务有限公司、广东方胜人力资源服务有限公司等多家人力资源服务企业签订现代学徒制培养合同，已完成搜猎电子商务、客户服务、粉丝运营、销售等初级人才 400 余人，为广州逸仙化妆品有限公司、后海网络科技（广州）有限公司、广州信用卡中心等企业提供了相关人才。猎头的人才培养为高职学生的高质量就业提供了全新机会，填补了猎头市场缺口，为湾区的人才流动提供支持，积累了首创的高职猎头现代学徒制改革经验，探索了新时代职业教育改革发展新模式，目前项目推进良好。

图 12　猎头现代学徒制工作室人才培养情况

2020 年，农工商与英国培生教育出版亚洲有限公司（香港）、南方人才市场和广东省人力资源协会建立合作，共同开发粤港澳大湾区猎头岗位培训项目课程资源包、猎头职业资格证书和制定猎头行业标准，为湾区培养国际猎头人才、服务湾区建设做出了贡献，体现了农工商的创新精神、良好的社会服务意识和国家战略的责任担当。农工商粤港澳大湾区人力资源数据中心每年多次赴南方人才市场进行湾区就业力调研，搜集相关数据，了解就业动态变化和粤港澳大湾区人才需求趋势，为高职院校人才培养和就业指导提供相关支持。

## 四、学校取得的成就

### （一）示范中心，全球标杆

广东农工商职业技术学院 BTEC 教育中心被英国爱德思机构称为 Key Center（核心中心），被英国专家认为是办得最好的中心之一。2022 年获评"BTEC 全球优秀中心"。2010 年，获评亚太地区两大"优秀 BTEC 中心"之一。2011 年获评"BTEC 优秀中心"。2017 年获评"优秀示范中心"。2020 年获颁"卓越贡献奖"。2012 年，获颁大中华区唯一"BTEC 师训基地"；内外审制度完善、流畅，内外审 5A 评级，使得该中心持续为农工商和兄弟院校的内部诊断与改进提供质量保障支持，成为亚太区示范中心。

## （二）人才培养，成绩斐然

积极参加国际技能大赛，着力打造学生成长平台。自 2017 年起，我院派 BTEC 学生参加"（新加坡）全球品牌策划大赛"，获得了国际赛两金一银的好成绩。2020 年和 2021 年，由于疫情原因，国际赛取消，农工商团队两年均获得中国赛区一等奖，成绩突出。参加国际赛事，与各国的本、专科生同台竞技，拓宽了学生视野，增强了学生的就业能力，提升了农工商国际化办学水平。

农工商 BTEC 学生从 2006 年开始参加国内职业技能和英语技能比赛，省级以上比赛获奖教师达 26 人次、获奖学生 77 人次，其中包括职业技能大赛国赛一等奖和英语口语国赛一等奖等。

图 13　BTEC 中心学生获得的国际赛事大奖

图 14　BTEC 中心学生获得的国内赛事大奖

### （三）行业标准，填补空白

BTEC 没有统一教材，教师严格按照 BTEC 教学大纲要求，通过网络资源、自选教材组合筛选信息，编排教学内容，国际交流学院教师使用的教材主要包括双语教材、全英教材和自编教材 3 种，现已出版教材 2 本。国际交流学院现有通过严格评审的院级精品课程 5 门，院级网络课程 22 门，省级精品课程 1 门，国家级教学资源 393 项。

图 15　农工商 BTEC 教育中心开发的本土化双语教学资源和完成的专著

### （四）教师培训，辐射本科

中心的师资培训团队为上海交通大学、华东师范大学、华中农业大学、湖南工业大学等 40 多所本、专科院校进行了 BTEC 教学和教学管理的培训，培训量达到 500 多人次，深受好评。为国培项目进行《英国职业教育在中国的本土化实践研究》专题培训；应邀为全国的本、专科院校的人力资源专业的领导和老师提供了"猎头的养成"和"教练式教师培养"课程经验的分享，培训量达到 100 多人次；接待来访、学习BTEC 经验的教师达 300 余人次。

图16　农工商 BTEC 教育中心培训师为国培项目等进行 BTEC 教学培训

## （五）教学改革，成果丰硕

中心在努力践行英国 BTEC 人才培养模式和本土化过程中，积极将实践经验转化为科研成果，包括 2020 年完成的专著《英国职业教育在中国的实践研究——以广东农工商职业技术学院为例》，是国内首部英国职业教育本土化的专著，为国内高职 OBE 教学改革提供范本和可行的本土化案例。完成研究英国 BTEC 教育纵向课题 37 项、横向课题 5项；共发表相关论文 136 篇（核心期刊 13 篇），完成相关专著 9 部；助力学院获得了国家级教学成果奖 1 项、省级教学成果奖 13 项，其中一等奖 7 项、二等奖 6 项。

## 五、思考展望

笃行致远育桃李，唯实励新创新篇！学院尽管在中英 BTEC 职业教育合作过程中取得了一些成果，但在如何共同开发"国际标准"，彰显我国职业教育国际化发展的着力点方面仍需深入探索。共同寻求对接国际标准的"产教共融、标准共建、资源共享"的高职教育国际化可持续发展之路，实现"互利共赢"，共同打造"职教命运共同体"，为培养祖国需要的国际化人才而不懈努力！

# 10. 助力粤港澳大湾区建设，共育区域旅游专业人才

江门职业技术学院

李辉强　周　昊　王　菁

**摘要：**为助力粤港澳大湾区的建设与发展，学院联合澳门旅游学院等，推动成立粤港澳大湾区旅游职业教育联盟。依托粤港澳大湾区旅游职业教育联盟，学院进一步深化江澳两地教育领域的交流和合作，积极引入澳门职业技能认可基准（MORS），培养与国际接轨、粤港澳大湾区通用的旅游技能人才，共建粤港澳大湾区旅游行业资格标准，以人才培训的互补促进行业发展，推动旅游酒店等专业技术教育和培训工作，并在大湾区相关院校和旅游行业推广，助力粤港澳大湾区的建设。该举达到了推动教学改革、促进区域旅游职业人才培养的良好效果。

**关键词：**粤港澳大湾区旅游职业教育联盟　澳门职业技能认可基准（MORS）　旅游职业人才培养　课程教学改革

近年来，学院秉承"技术立校、文化育人、开放办学、服务侨乡"的办学理念，积极开展对外交流、师资培训、学生互访等交流合作，并积极探索中外合作办学，引入国际先进教学理念、教学模式、教学资源，促进学院与国际接轨，着力培养高素质技术技能人才。学院主动融入粤港澳大湾区发展战略，以粤港澳大湾区旅游职业教育联盟为平台，建立协同联动机制，落实有关工作计划，积极推进与澳门旅游学院在专业建设、师资培养、协同育人、课程建设等方面进行合作。

## 一、案例背景

《粤港澳大湾区发展规划纲要》指出：要发挥澳门旅游教育培训和旅游发展经验优势，建设粤港澳大湾区旅游教育培训基地。2018 年 5 月，学院与澳门旅游学院正式签订合作协议。根据协议，积极推进与澳

门旅游学院在专业建设、师资培养、协同育人、课程建设等方面进行合作。双方建立长效合作机制，依托学院广东省品牌专业——旅游管理专业，引入澳门旅游学院的优质教学资源，提升学院旅游管理专业的综合办学实力以及国际化水平。依托粤港澳大湾区旅游职业教育联盟，开展各种交流合作活动。

## 二、做法与特色

### （一）与澳门城市大学联合申报课题，助力侨乡制造业高端化发展

学院与澳门城市大学联合开展技术研发项目，"5G 环境下面向智能制造的虚拟现实多人协作交互与高效渲染技术研究"项目获 2022 年度江门市基础与应用基础研究重点项目立项，项目总经费 35 万元。该项目由学院教师团队牵头主持，澳门城市大学应作斌教授为项目的核心成员之一。项目核心任务是在 5G 环境下，针对智能制造的虚拟现实中的现实情况，探索如何实现多人协作交互和高效渲染技术，从而有效地辅助智能制造和提升智能制造的效率，打造 5G 环境下面向智能制造的虚拟现实多人协作交互与高效渲染技术的技术平台，助力江门智能制造产业高质量发展。

### （二）依托港澳高校高层次人才资源，拓展师生国际视野

邀请港澳专家开展学术科研讲座。2022 年学院开展"教师科研能力提升与学术生涯发展"活动，邀请了澳门城市大学数据科学学院应作斌教授为学校青年教师开展"青年教师开展科研的心得和建议"讲座，系统讲述了如何看待科学研究，青年教师如何从阅读积累到论文发表，再到科研成果展示，并提出具体的指导建议。

邀请港澳专家开展课程培训。2022 年学院邀请澳门旅游学院陈卓华老师开展"酒店收益管理"课程培训，培训时间 12 小时，培训对象包含珠海城市职业技术学院、五邑大学、肇庆学院、广州番禺职业技术学院、广东南方职业学院、广州工程职业技术学院、广东理工职业学院南海校区等粤港澳大湾区内 8 所高校的教师，对口支援的西昌民族幼儿师范高等专科学校旅游管理专业教师以及江门市旅游行业高级管理人员共 25 人。

图1 "青年教师开展科研的心得和建议"讲座

学院师生积极提升综合素养。学院大力支持教师、学生赴港澳交流，拓展国际视野，提高自身综合实力。2022年学院共有超过100位教师攻读博士学位，其中赴港澳攻读博士的教师有3位。

图2 学院教师攻读博士学位授课现场

（三）联合澳门高校合作办学，提高专业综合实力

学院持续落实好与港澳高校的合作协议。学院积极推进与澳门旅游学院的合作，依托学院的旅游管理专业，引入澳门旅游学院的优质教学资源，提升学院旅游管理专业的综合办学实力以及国际化水平。2022年学院与澳门旅游学院联合开展 MORS 前厅服务员考证工作，共有29名学生参与考证，通过率达89.7%。

图3　澳门职业技能认可基准前堂服务员考试

三、成果与创新

（一）将澳门职业技能认可基准融入人才及师资培养方案，提升人才培养质量

疫情期间，双方改变思路、改变交流合作的方式方法，组织线上讲座。讲座议题有"遗产解说的不二法门""遗产景点的重要议题""导游工作经验分享"和"探索世界遗产的应用与价值"等。学院旅游管理专业通过线上参与方式，先后共计18人次参加讲座。日常教学工作中，将澳门职业技能认可基准前厅服务员的考核标准融入相关人才培养内容改革，将大湾区旅游职业标准融入课程教学，改革工作稳步进行。

（二）完成澳门职业技能认可基准考评，促进旅游职业人才技术技能提升

学院经济管理学院与澳门旅游学院共同主办澳门职业技能认可基准前堂服务员考试，学院22位学生参加此次培训。受疫情影响，两校首

次探索进行线上连线考评的方式，在双方共同努力下，圆满完成首次 MORS 考评工作。

澳门职业技能认可基准是一项由澳门旅游学院与欧盟合作为旅游及服务业界制定的职业技能认证制度，其主要目的是通过引入一系列旅游行业工种的认证制度，提升澳门乃至整个粤港澳大湾区旅游业人力资源的水准。通过本次 MORS 考试，有效地提升该学院旅游管理专业学生的职业技能水平，为助力两校合作共建粤港澳大湾区旅游业人才培养基地、推动粤港澳大湾区旅游职业教育联盟的合作，迈出坚实的一步。

### （三）加强各方交流与沟通，推进相关课程教学改革

在 2021 年的教学改革工作中，学院已经完成针对澳门职业技能认可基准相关教研教改项目 2 项，有关教师也发表相关学术论文，大湾区旅游职业标准融入旅游专业课程教学改革工作取得一定的成果；召开题为"大湾区旅游业转型升级于人才培养变革"的主题研讨会，邀请澳门旅游学院管洁琦副教授作为研讨会嘉宾出席并作主题发言。

### 四、经验与总结

学院持续深化江门、澳门两地在旅游教育方面的交流与合作，扎实推进旅游业人才培养基地的建设。

（1）陆续举办澳门职业技能认可基准其他项目的培训，并在此基础上分批采购符合澳门职业技能认可基准的实训设备，开展职业技能认证，为江门市培养与国际接轨、粤港澳大湾区通用的旅游技能人才。

（2）与澳门旅游学院等院校一起，积极推动粤港澳大湾区旅游职业教育联盟建设与发展。

（3）积极探索与澳门相关院校开展课程互融、学分互认、证书互通、科研合作等，推动两校深入合作。

下一步学院将继续完善对接协调机制，创新考核评价方式，加强教育资源共享，推动教育一体化进程；遵循"高质量发展"要求，努力构建粤港澳大湾区职业资格教育合作交流、资源共享、协同发展的新局面。

# 11. 着眼"一带一路"建设需求，争做"一带一路"建设者

广东工程职业技术学院

邱志远　华　昕

**摘要**：为进一步开拓职业教育对外开放格局，推动与"一带一路"沿线国家国际交流与合作，培养能够掌握国际教育规则、标准和社会发展急需的高素质、高技能型人才，广东工程职业技术学院多层次、多渠道、多途径地丰富人才培养内涵，培育具有国际视野的、服务粤港澳大湾区高端制造业发展的电梯工程技术人才。学院通过"工学六合一"人才培养模式、校企深度融合深化"四个合作"，拓展中外合作办学项目，建设海外基地，开展海外培训等，积极响应"一带一路"倡议，培养师生的国际视野，提升学院师生的国际竞争力，服务"一带一路"中资企业需求，帮助"一带一路"中资企业开展人才培训，扩大了广东职业教育的国际影响力。

**关键词**："一带一路"　"工学六合一"　国际化人才培养

## 一、案例背景

2021年4月，习近平总书记在广西调研时强调，高质量发展是"十四五"时期我国经济发展的必由之路，"中国制造2025"国家行动纲领将制造业定位成"立国之本，兴国之器，强国之基"，因此高质量发展制造业是重中之重。制造业的高质量发展，需要大量具有国际视野的机电一体化高精尖人才成为推动制造业加快实现质量效益提高、产业结构优化、发展方式转变、增长动力转化的人力保障，进而助推我国制造业在高质量发展阶段重新焕发生机和活力。

改革开放40多年来，广东已成为国内制造大省和全球重要制造基地。雄厚的电子信息产业基础和较为完善的工业体系为智能制造发展提

供了良好的产业支撑和市场空间。国际上信息技术与制造技术深度融合带来的制造业变革，以及我国"四化同步"发展带来的需求扩展和消费层次的提升也为全省智能制造发展提供了良好的机遇。粤港澳大湾区是作为全球主要的生产制造业基地，是经济最活跃的地区之一，在机械、汽车、电子、通信等现代制造领域，具有举足轻重的地位。

与此同时，广东省制造业发展仍面临严峻挑战，在创新能力、产品质量和品牌、产业结构、信息化水平等方面与世界先进水平仍存在较大差距。关键技术、核心部件对外依存度高，自主品牌企业尚未形成规模、缺乏核心竞争力。同时，劳动力成本上升、土地资源和环境要素约束加剧等因素迫使广东省制造业必须加快向"创新驱动"转型，向数字化、网络化、智能化、服务化升级，由"制造"转向"智造"。《广东省人民政府关于印发〈广东省智能制造发展规划（2015—2025年）〉的通知》（粤府〔2015〕70号）提出，广东制造业要"自主创新，开放合作……要加强国际交流合作，探索国际合作发展新模式，充分利用全球创新资源……要建立健全产品质量标准体系，制定实施与国际接轨的制造业质量标准"。

新技术、新工艺、新元件、新材料、新设备不断涌现，机电产品更新换代步伐加快，技术含量不断提高。产业的发展必然带来对人才需求的增长，技术的进步必然要求人员素质的提高。在传统劳动力密集型产业向高新技术知识密集型转变的过程中，企业需要进行设备的更新与改造，需要大量既懂技术、管理，又具备操作技能的面向生产一线的技术人才，与此相关的机电一体化、机械制造与自动化、电气自动化等专业人才需求量非常大。粤港澳大湾区机电行业在"劳动密集型行业"向"技术密集型行业"转变的变革进程中走在前列。

为对标《中国教育现代化2035》《加快推进教育现代化实施方案（2018—2022年）》，为提升社会急需的机电一体化人才的培养质量，为融入国际高等教育的大环境，进一步开拓职业教育对外开放格局，推动与"一带一路"沿线国家的学历互认、标准互通、经验互鉴的教育合作工作，培养能够掌握国际教育规则、标准，以及社会发展急需的高素质、高技能型人才，广东工程职业技术学院多层次、多渠道、多途径地丰富机电一体化专业人才培养内涵，培育具有国际视野的、服务粤港澳大湾区高端制造业发展的机电一体化人才。

## 二、做法与特色

### （一）"工学六合一"，培养高素质技术技能型人才，服务大湾区与"一带一路"沿线国家

学院自 2007 年与世界电梯龙头企业之一的迅达（中国）电梯合作开办了电梯校企共建专业，2011 年成立了全国首个电梯工程学院。根据行业人才发展趋势和企业人才需求，校企共同制订人才培养方案，合作开展专业建设、课程建设，形成"教产合一、车间课室合一、做学合一、教师师傅合一、校企文化合一、学院育人与企业发展合一"的人才培养模式。由企业专家、技术培训高管出任电梯专业群带头人，企业技术能手和培训师作为兼职教师参与专业建设和教学。校企协同育人，全面提升学生基本技能、综合技能和职业技能。专业群为电梯产业链输送毕业生超过 10000 人，区域和行业影响力稳步提升。90%以上学生主要分布在深圳、广州、佛山、东莞、珠海、南宁和海南等地区，60%以上就业于迅达（中国）电梯、日立电梯、百安机电等龙头企业，成为粤港澳大湾区电梯产业链的骨干力量。学生创新创业能力强，以广州市周英电梯有限公司董事长卓清炎、浩龙（柬埔寨）电梯工程有限公司总经理彭文标等为代表的优秀毕业生，成为学校的"活名片"。

### （二）校企合力，推动人才培养模式改革

通过校企双方深度融合，顺利进行"四个合作"（合作办学、合作育人、合作就业、合作发展）的发展。2020 年迅达电梯华南培训中心企随校迁，扩大了培训中心规模，在学院清远校区新建 1200 平米的智能电梯培训中心。迅达（中国）电梯公司还将华南区域培训中心设在学院，投入大量设备资源在校内建成国内一流的电梯工程技术实训基地，创立了全国首批国家机械行业电梯鉴定站，再一次实现电梯的高端升级，将新型电梯装备推送到课堂。2021 年校企融合进一步深入，全新的电梯产业学院应运而生，同时校企双方在学院清远校区投入 300 万元建设新的电梯人才培养实训基地。2021 年，电梯工程技术专业群校

企合作案例，入选教育部职业教育提质培优典型案例。依托产业学院的建设，校企联合开发核心课程，将企业四级"带位制"（黄、绿、红、黑）融入课程体系。学院与电梯行业、企业紧密合作，成立了以电梯行业、企业知名专家为主体的专业指导委员会。

图1　广东工程职业技术学院迅达电梯人才培养实训基地

### （三）拓展国际合作平台，推动人才培养质量升级

面向国际化智能制造人才的需求，学院与新西兰尼尔森马尔伯勒理工学院、白俄罗斯国立技术大学、柬埔寨先进技术大学等"一带一路"沿线国家院校开展机电一体化的教育合作，共建20余门机电工程类、计算机类课程。学院以企业培训教材为蓝本，精准对接企业用人标准，校企合作开发校本教材《电梯工程项目管理》《电梯英语及口语》及10门双语课程资源，为进一步培育具有国际视野的、服务粤港澳大湾区高端制造业发展的智能制造技术人才及拓展对外培训奠定了坚实的基础。

图2　学院与多所海外院校开展教育教学合作

（四）校企合作，共育人才，共建海外基地

学院组织机电工程学院（电梯工程学院）的专业负责人、教师为浩龙（柬埔寨）电梯工程有限公司提供了两期为期10天的电梯知识与技能培训，帮助企业解决新入职员工掌握电梯工程基础知识、维保操作和行业标准等教学问题。双方亦签署合作备忘录，夯实合作基础，共建"一带一路"人才培训基地。未来，双方将加大、加深在电梯工程技术方面的技术交流、专业人员培训与合作。

图3　"一带一路"人才培训基地牌匾　图4　学院教师向柬埔寨学员线上授课

图5　学院毕业生在柬埔寨从事电梯销售和维保工作

## 三、成果与创新

（一）"引进来"

机电工程学院引进国外优质教育资源，共同开发智能控制、PLC应用技术、精密加工技术等国际化课程、培训项目与教材，增强人才培养服务于中国创造的能力。学院与白俄罗斯国立技术大学合作，引入对方优质教育资源，双方资源共享，实现课程学分互认，共建机电工程技术中外合作办学项目；通过中外教师间的学术交流、共同开发课程等活动，提升了人才培养质量，搭建国外本科学习教育平台。

### （二）"走出去"

联合浩龙（柬埔寨）电梯工程有限公司参与"一带一路"建设，建成一个海外培训基地，服务"走出去"中资企业在员工培训、技术提升、产品标准制定等方面的需求，开发电梯安装维保、数控操作、国际标准等方面的培训项目，建设职业培训课程，开展中资企业员工及外籍雇员培训，提升企业员工技术技能水平和国际视野。

### 四、经验与总结

学院"教产合一、车间课室合一、做学合一、教师师傅合一、校企文化合一、学校育人与企业发展合一"的"工学六合一"人才培养模式孕育了优秀电梯技术人才。这些学生将自己在学院所学的知识与技能应用于服务"一带一路"沿线国家与地区，把学院出色课程推介到"一带一路"沿线国家与地区，助力中国技术与文化走出去。

学院围绕机电一体化专业，开发了电梯专业群、双语课程、海外基地、中外合作办学项目，深挖一切有助于培养具有国际视野的高技术技能人才的国际交流与合作途径。

经过近几年的大胆探索和积极尝试，学院已初步形成有特色产业学院、人才培养模式与呼应"一带一路"倡议结合的模式，在国际人才培养、课程开发、海外基地建设等方面探索出成熟的合作路径和机制。

尽管取得了一定成效，但学院在国际交流与合作的广度和深度上仍有改进空间，仍在探索如何结合"中文＋技能"走出去，既讲好中国故事，又传播好中国技能，在提升学院学生匹配"一带一路"沿线国家建设需求方面仍需努力。

未来，学院将着力开发一批专业汉语教材，将技能教育和中文教学有机融合，规划设计课程教学资源和项目，助力服务"一带一路"国家的经济社会发展需求。

# 12. 湾区合作、协同育人，探索民办
# 高职中外合作办学模式

广州涉外经济职业技术学院

梁　可　匡增意　武　军　李咏珊

**摘要：** 广州涉外经济职业技术学院与香港都会大学合作举办酒店管理与数字化运营专科项目，于 2017 年通过广东省教育厅行政审批。经过多年合作办学积累经验，项目于 2021 年底再度顺利通过延期申请，并得到了社会对该项目的认可。总结历年的办学经验、教育教学创新成果及民办高职院校在中外合作办学项目中遇到的问题及困难和相应的解决办法；结合和与港澳大湾区的融合发展，积极探索新时代背景下民办高等教育教学改革的途径。

**关键词：** 合作办学　民办高职院校　教育教学　经验总结

2019 年 2 月 18 日，中共中央、国务院印发《粤港澳大湾区发展规划纲要》，建设粤港澳大湾区被提升至国家战略层面，肯定、稳固、加强广东省与港澳地区合作；大力促进粤港澳大湾区的教育事业、行业、产业发展。

广东省人民政府印发的《广东省教育发展"十四五"规划》，设定未来五年教育发展路线，展望 2035 年广东教育事业的美好愿景，其中还多次提及粤港澳大湾区教育领域的工作任务。

广州涉外经济职业技术学院于 2016 年开始着手申报中外合作办学项目，2018 年正式开始项目招生、教育教学培养工作。校内中外合作办学项目至 2022 年仍为"教育部中外合作办学监管工作信息平台"上唯一一个能够检索到的、在一众广东省内民办高职院校内、被上级教育行政主管部门正式批准和备案的粤港澳合作办学项目。

## 一、实施背景

作为民办高职院校，为进一步引进优质教育资源，提升学院综合实

力，更好地培养高素质、与国际接轨的技能人才，打造涉外教育品牌效应，广州涉外经济职业技术学院深入贯彻落实《关于做好新时期教育对外开放的若干意见》等要求，更好地服务粤港澳区域经济社会发展，做好民办高职教育，提升社会影响力。学院立足区域优势行业领域，紧紧围绕优势及重点发展专业情况，通过中外合作办学项目，引进国（境）外优质教育资源，加快学院国际化办学进程，提升办学质量，培养高素质国际化技术技能型人才。该项目于 2017 年 2 月正式获得广东省教育厅行政审批，按照国家有关政策和法律规定，在教育部中外合作办学监管工作信息平台网上正式公布备案。

二、做法与特色

（一）促进教学资源"双循环"，加强师资队伍国际化建设

学院甄选出一批业务技能强、专业素质高，具有相关行业领域经验，海外留学背景及中、高级职称的骨干教师组建师资团队专门负责合作办学项目中由港方引进的专业基础课程教学。并将教师分为三批输送到香港都会大学进行深造进修及学术交流。通过赴港进行沉浸式学习，教师可以充分了解港方课程体系建设及课程考核方式等。完成相应进修学习并考核合格后，由港方授予教师课程修读证书。同时，港方教师也将被派往内地提供培训，进行行业考察，实现内地及香港的教育资源"双沟通"。对于教学发展与改革，港方教师作为特邀成员，指导学院教育教学能力比赛，协同开展专业教学改革实践，助本学院获得 2020 年广东省教育教学成果奖二等奖。

（二）引进港方优质资源及教学体系，促进中外合作办学，引入课程思政

项目按照中外合作办学要求的四个"三分之一"，引进了港方酒店管理与数字化运营专业三分之一的课程（包括核心课程）。港方教师承担专业核心课数量的三分之一及中外合作办学（港澳台地区）全部课程和教学总课时的三分之一。学院引入港方原版专业教材并配合境外教

材审核，与此同时，校内专业教师赴港进修，根据学情自制活页教材以配合课程自带的实训、实习课程。

香港都会大学选派高学历、具有丰富企业及岗位教学经验的优秀教师到学院进行面授，按照港方教学模式及教学标准采用全英授课，学院配备课程助教，开展课程前的先导课、半天教师精讲课、半天辅导课。课后学生可利用港方提供的学习账号登入都会大学 OLE（Online Learning Exchange）学习系统进行强化学习、师生交流、香港本地生及大陆内地生交流、作业提交等。课程涉及小测、个人大作业、小组团队成果展示等，通过线上线下的混合式教学模式开展多元立体评价体系，利用 OLE 系统数据，可形成学生连贯的学习轨迹。课程考核不通过的，不进行补考，直接随下一届重新修读，最大限度为学生创造良好的国际化教学氛围并提供教学质量保证。同时，双方教育教学团队联合制订人才培养方案，根据经济发展形势及大湾区服务行业产业、酒店管理行业发展的需求及服务标准，修订人才培养方案，以适应酒店管理的数字化运营的发展趋势。

（三）推进湾区教育发展，探索学分互认、学历衔接机制

根据香港特别行政区教育局与广东省教育厅 2019 年 6 月签署的《粤港澳资历架构合作意向书》，学院与香港都会大学积极探索促进粤港澳大湾区资历架构合作发展。目前香港都会大学课程已获得香港学术及职业资历评审局认可，已纳入资历架构，为本学院合作办学项目学生提供了相应的教育发展保障。酒店管理与数字化运营专业粤港班学生通过三年在广州涉外经济职业技术学院的专业学习，以及香港都会大学课程的预先学习，进一步通过面试及笔试（免雅思成绩），毕业后方可赴港都会大学入学高年级，完成一年本科学习，可取得香港都会大学本科学位并申请升学，攻读研究生。

三、成果与创新

广州涉外经济职业技术学院中外合作办学项目得到进一步提升，引进的国（境）外优质教育资源成效显著。学分互认、学历提升等合作项目亦顺利开展，学院师资队伍国际化水平显著提高，专业技术技能型

人才素质显著提升。学院以合作办学项目为依托，与香港都会大学密切合作，搭建了粤港两地职业教育领域深层次、多形式、实质性合作平台，服务粤港澳大湾区建设的能力不断提升。粤港两地交流频繁，形式内容多样，方式方法更加创新，形成鲜明的教育品牌。

项目开办近 5 年，共计培养 50 名毕业生，在 2021 年底完成项目延期申报，2022 年初顺利通过广东省教育厅批复，得到了社会的认可，2022 年招生人数突破历史新高。

学生参与境外、国家、省各级各类比赛，获奖颇丰，获"计算机应用能力与专业英语暨产业核心技能素养海峡两岸赛"特等奖，全国"图书馆杯口语比赛"总决赛三等奖，广东省职业技能大赛（高职英语口语）二等奖。

在总结中外合作办学实践经验基础上，学院于 2020 年搭建了"酒店管理概论"高职教育精品在线开放课程，并通过验收。2021 年 3 月，酒店管理专业群通过省级第一批立项。

## 四、经验与总结

广州涉外经济职业技术学院与香港都会大学合作举办酒店管理与数字化运营专业专科教育项目，目前在校生人数为 74 人。学院通过配套各项保障措施、完善教育教学管理机制，建设培养师资队伍，使项目运行趋向平稳发展，毕业生反馈良好。具体做法总结如下：

### （一）着力办学难点问题，完善各项保障措施

学院招收的学生大部分属于高考第三批次，学生在学习能力、学习水平方面与其他批次学生存在差距。针对这些问题，学院除了开设专业课程学习外，另安排早读、晚修，由学院专业教师对学生进行辅导，以便让学生能够适应新的学习环境。同时，学院充分利用合作项目的优势特色，粤港双方教师同"堂"协力，在港方教师到校教授专业核心课时，学院还安排助教老师全程跟进学生的学习过程。

针对高考考生、家长对中外合作办学项目认识不足的问题，学院不断加大项目的宣传力度，结合专业优势让学生参与各项技能比赛，在增强学生专业技能的同时提高项目的影响力。

## （二）完善办学管理机制，保障教育教学质量

项目双方在成立管理委员会基础上，为保障教育教学质量，切实解决教师、学生在教学过程中存在的问题，专门设立教学委员会，由香港都会大学李兆基管理学院内地课程主任和国际教育学院教学副院长牵头组建教学质量小组，定期开展课程建设水平和教学质量诊断会议，并将其纳入学院教学管理体系，开展各项教学教务工作。

## （三）开展粤港两地合作院校之间及酒店实践考察，校企协力教学改革

疫情前夕，学院代表带领粤港班的学生赴香港都会大学进行参观考察、学习交流，加深粤港两地师生、生生之间的深入认识及联动合作。香港标杆酒店集团岗位业务代表也给学生提供了深入各工位考察学习及密集培训的机会。通过五年多的合作办学经历，港方对内地的教育教学政策及形势形成了深刻的了解，这为香港都会大学在内地其他城市创建分校提供了可行性案例。

此外，学院通过校企合作平台，推动项目学生走出教室，实地考察。教师带队前往清远聚龙湾温泉度假村、广州中心皇冠假日酒店、碧桂园广州凤凰城酒店等，让学生通过企业亲身体验，强化对专业课程理论知识的认识。学生通过企业实践考察、与企业员工互动获取更多相关的行业知识，这成为提高学习效果和提升综合能力素质的有效方法。

# 13. 开发高铁国际汉语优质资源，助推 "中文＋职业技能" 教育发展

广州铁路职业技术学院

向成军　刘兴凤　骆秀红　张倩菡

**摘要**：针对当前铁路行业国际汉语教育资源不足、专业教育与语言环境分离等问题，广州铁路职业技术学院对接国家汉办公布的《国际汉语能力标准》的要求，校企联合、精心开发《高铁情境汉语》新形态汉语教材。教材不仅凸显了课证融通和情境仿真特色，而且建立了配套数字化资源体系，成为讲好中国高铁故事、传播好中国声音，推进"中文＋职业技能"的重要载体。

**关键词**：高铁　国际汉语　资源开发　"中文＋职业技能"

## 一、导语

为了服务中国高铁和职业教育"走出去"需求，广州铁路职业技术学院（以下简称"学院"）依托自身深厚的行业背景，针对当前铁路行业国际汉语教育资源不足、专业教育与语言环境分离等问题，校企联合、精心开发《高铁情境汉语》新形态汉语教材，广泛应用到马来西亚、老挝、白俄罗斯等10余个国家和地区以及国内20余所职业院校的40余个国际人才培养项目和多项境外员工培训项目之中，成为讲好中国高铁故事、传播好中国声音，推进"中文＋职业技能"的重要载体。

## 二、建设机制和举措

### （一）针对国际汉语学习痛点，服务轨道交通人才育训

学院针对当前国内面向铁路类高职留学生国际汉语资源不足、轨道交通相关专业留学生以及"走出去"企业当地员工学习国际汉语中存在的所学专业与语言环境分离、考试大纲与语言教材割裂的痛点，联合

广州集团有限公司、广东外语外贸大学、北京交通大学等 14 家单位共同开发"中文＋高铁职业技能"高铁汉语系列教材，系列教材共 5 本，同时包含配套线上学习资源，不仅能够满足培养轨道交通专业国际学生和境外员工汉语交际能力的迫切需求，同时也为从事汉语作为第二语言教学的教师提供了高铁汉语教学素材。

（二）创新教学内容设计理念，凸显课证融通和情境仿真特色

一是遵循职业教育"课证融合"理念，服务学生汉语学习和汉语考证的需求，采取"考教结合"设计内容。在汉语词汇和语法的教学方面与 HSK 等级证书要求完全对接，注重对听、说两方面基本职业能力的培养，兼顾读、写、译三方面的考证要求，使学生在提升职业能力和学习语言的同时，收获考证过关的成就感。二是注重应用，在内容呈现上以留学生在中国生活、学习和实习为主线，创设高铁学习背景，如高速铁路线路维修与保养、高速铁路牵引供电等，引导学生在学习汉语词汇和知识点的同时，探究性地解决高铁情境中遇到的问题。

（三）建立配套数字化资源体系，支持线上线下混合教学

适应教育信息化发展，服务学生多样化、个性化和移动学习的需求，全方位开发数字化、立体化教学资源。全套教学资源包括教学文件30 个、微课 106 个、PPT 课件 106 个、对话视频 316 个、图片 485 幅、高铁相关专业名词解释 40 个、练习题 142 套、中国诗词欣赏 38 首。形成了"纸质教材 ＋ 数字化资源 ＋MOOC"三位一体的新形态立体化资源体系。通过 854 个二维码与网络资源链接，根据学生的汉语程度，采用英语、双语、汉语等授课语言渐次进行。课程标准、设计、计划等数字化资源一并在 MOOC 、中国特色国际课程推广和职教沃云教学平台配套发布，为 SPOC 和线上线下混合教学提供支撑。

三、建设成效

"高铁情境汉语"系列教材资源经数年完善，已经形成了包括纸质教材、数字化资源、课程学习平台在内的完备课程资源体系，2022 年

获广东省教育厅推荐参评职业教育"十四五"规划教材。教材已广泛应用于中国—老挝铁道机车专业三年专科留学生项目等40余个国际学生培养项目之中,在线学习平台累计用户超10000人;相关资源推广至马来西亚、老挝、埃塞俄比亚、乌兹别克斯坦等10余个国家和地区,成效良好。2022年,学院向乌兹别克斯坦驻广州总领事馆领事赠送该教材,并将该教材应用于哈萨克斯坦本土师生培训项目,使其成为文化交流的重要载体。

图1 学院向乌兹别克斯坦驻广州总领事馆领事赠送汉语教材

# 14. 引进优质职业教育资源，提升教师职教能力

广州城市职业学院

李　坪　乔时玲　高传龙

**摘要：**2022 年，国际合作交流中心在广州城市职业学院党委的领导下，在主管院领导的帮助下，深入学习并贯彻习近平新时代中国特色社会主义思想、党的十九届六中全会和党的二十大精神，全面贯彻落实全国教育大会、全国职业教育工作大会精神，遵循《职业教育改革实施方案》总体部署，遵守《中华人民共和国职业教育法》，落实《职业教育提质培优行动计划（2020—2023）》，主动适应《粤港澳大湾区发展规划纲要》《推进共建"一带一路"教育行动》等发展要求，对接当下经济社会发展；按照"双高校"建设方案要求，坚持国际化发展战略，不断提升国际化水平，实施引进、共享、交流、服务、援助"五措并举"的国际化战略；积极开拓并推进学院对外交流合作方面的各项工作，在教师师资培训方面积极发掘海外资源，在师资队伍国际化方面取得了一定的成绩。

**关键词：**"双高校"建设　职业教育师资国际化　"双元制"

为贯彻落实《中国教育现代化 2035》《关于实施中国特色高水平高职院校和专业群建设计划的意见》等重要文件的要求，培养管理骨干和骨干教师的国际化意识，学习境外高水平院校相关先进教学改革理念，进一步提升学院教师教育教学能力和国际化素养，学院与马来西亚国际文化交流中心合作，在 2022 年 1 月组织 28 位教师开展了德国"双元制"职业教育线上培训班。通过培训，学院教师对德国"双元制"职业教育体系，德国模块化课程设计、活页式教材和任务卡的开发，德国职业教育标准、职业教育框架计划和在企业中的实施等多个方面进行了学习。本次培训加深了教师对于德国"双元制"职业教育的理解，拓展了学院教师的国际化视野。

图 1　德国"双元制"职业教育线上培训

2022 年 4 月，由马来西亚马来亚大学等联合主办的"英联邦职教体系暨创新教学模式与方法"研修班对学院 25 位教师进行线上培训。教师们对于英联邦职业教育体系的发展，在职业教育中实施弹性、灵活的培养模式及学分制模式，如何开展项目式学习法（PBL）以及疫情下如何提高教学质量等多个方面有了更清晰的认识，对于其在学院的职业课程开发、课堂教学等多个方面有很大启发。

2022 年 9 月，学院获得科技部科技人才与科学普及司 2022 年第二批线上出国（境）培训试点项目"斯旺西大学 TVET 职业教育培训体系"（立项编号：S222031003）境外培训立项，获得中央财政资金培训费全额资助，共培训校内师资 100 人，为期 5 天。

图 2　斯旺西大学 TVET 职业教育线上培训